Vanshika Walia
Sandeep Ranjan

Análise de algoritmos de aprendizagem automática: KNN e K-Means para a cura de idosos

AF667161

Vanshika Walia
Sandeep Ranjan

Análise de algoritmos de aprendizagem automática: KNN e K-Means para a cura de idosos

ScienciaScripts

Imprint
Any brand names and product names mentioned in this book are subject to trademark, brand or patent protection and are trademarks or registered trademarks of their respective holders. The use of brand names, product names, common names, trade names, product descriptions etc. even without a particular marking in this work is in no way to be construed to mean that such names may be regarded as unrestricted in respect of trademark and brand protection legislation and could thus be used by anyone.

Cover image: www.ingimage.com

This book is a translation from the original published under ISBN 978-620-8-11604-0.

Publisher:
Sciencia Scripts
is a trademark of
Dodo Books Indian Ocean Ltd. and OmniScriptum S.R.L publishing group

120 High Road, East Finchley, London, N2 9ED, United Kingdom
Str. Armeneasca 28/1, office 1, Chisinau MD-2012, Republic of Moldova, Europe
Printed at: see last page
ISBN: 978-620-8-16084-5

RECONHECIMENTO

O êxito e o resultado deste projeto exigiram muita orientação e assistência de muitas pessoas e sinto-me extremamente privilegiado por tê-las recebido ao longo de todo o trabalho de investigação. Tudo o que fiz deve-se apenas a essa supervisão e assistência e não me esqueço de lhes agradecer.

Respeito e agradeço ao Dr. Sandeep Ranjan, por me ter permitido realizar o trabalho de projeto em Aprendizagem Automática e por nos ter dado todo o apoio e orientação, o que me ajudou a concluir o projeto devidamente. Estou-lhe extremamente grato por me ter dado este apoio e orientação tão agradáveis.

Estou grato ao Dr. Jasdeep Kaur Dhami, Diretor do CT Institute of Engineering, Management & Technology, Shahpur, Jalandhar, por apoiar o meu trabalho de investigação e a minha tese para a obtenção do grau de M-Tech (CSE). Estou grato e tenho a sorte de receber o incentivo, o apoio e a orientação constantes de todo o pessoal docente do Departamento de Informática e Engenharia do CT Institute of Engineering, Management, and Technology, Shahpur, Jalandhar, que me ajudaram no meu trabalho de investigação.

Vanshika Walia

RESUMO

Explorar o domínio da aprendizagem automática implica monitorizar a saúde dos entes queridos idosos, acompanhando os seus movimentos para os manter saudáveis. Os conjuntos de dados criados pelo registo dos movimentos corporais dos idosos são introduzidos em modelos de aprendizagem automática para previsão. Neste estudo, a proposta é comparar dois algoritmos populares de aprendizagem automática, o KNN e o K-Means, relativamente a parâmetros como a exatidão e a precisão. O envelhecimento da população tornou-se uma preocupação importante a nível mundial, uma vez que representa um desafio significativo para os sistemas de saúde. A deterioração da saúde dos idosos é multifatorial e é essencial desenvolver modelos de previsão para identificar potenciais riscos para a saúde e intervir precocemente. Este estudo tem como objetivo explorar a utilização dos algoritmos KNN (K-Nearest Neighbours) e K Means para analisar os dados de saúde de indivíduos idosos. O estudo recolheu e analisou dados de uma coorte de idosos, incluindo parâmetros demográficos, de estilo de vida e clínicos. O algoritmo KNN foi utilizado para prever a probabilidade de desenvolver doenças crónicas, como a diabetes, a hipertensão e as doenças cardiovasculares, com base nas caraterísticas de entrada. O algoritmo K Means foi utilizado para agrupar a população idosa com base nos seus perfis de saúde, o que ajudou a identificar subgrupos com riscos de saúde semelhantes e a conceber intervenções direcionadas. Os resultados deste estudo forneceram informações valiosas sobre o estado de saúde dos idosos e ajudaram a desenvolver estratégias de cuidados de saúde personalizados para esta população.

O conjunto de dados foi obtido a partir do Repositório de Aprendizagem Automática da UC Irvine. O conjunto de dados Human Activity Recognition 70+ (HAR&0+) é um conjunto de dados anotado por profissionais que contém 18 indivíduos idosos (70-95 anos) em boa forma física e frágeis, que usaram dois acelerómetros de 3 eixos durante cerca de 40 minutos durante um protocolo semi-estruturado de vida livre. Os sensores foram colocados na coxa direita e na zona lombar. O objetivo do conjunto de dados era treinar modelos de aprendizagem automática para o reconhecimento da atividade humana em dados de acelerómetros anotados profissionalmente de idosos em boa forma física.

Índice

Capítulo- 1

INTRODUÇÃO

1.1 Introdução

O número de pessoas idosas em todo o mundo está a aumentar a um ritmo nunca antes visto [1]. Embora as pessoas estejam a viver mais tempo, isso nem sempre se traduz numa melhor saúde. O mundo tem de estar preparado para as numerosas oportunidades e preocupações de saúde pública decorrentes do envelhecimento da população. A nível mundial, é crucial abordar a saúde e o bem-estar da população idosa, especialmente quando se trata de reconhecer e tratar os problemas relacionados com a idade [2]. É, por conseguinte, mais crucial do que nunca utilizar modelos de aprendizagem automática para compreender e resolver com êxito estes problemas.

Neste estudo, foi explorado o domínio da aprendizagem automática para compreender como o rastreio dos movimentos corporais dos idosos pode ajudar a monitorizar a sua saúde. Para a maioria das pessoas, caminhar é a atividade física mais comum entre os adultos e faz parte da vida quotidiana [3]. Os dois algoritmos K-Nearest Neighbours e K-Means foram colocados lado a lado para descobrir qual deles é mais eficaz na monitorização de pessoas idosas. A investigação apresentada explora o potencial das intervenções tecnológicas nos cuidados aos idosos e tenta revelar os resultados da avaliação comparativa entre os algoritmos K-Nearest Neighbours e K-Means na monitorização da saúde dos idosos.

O bem-estar físico, mental e social dos adultos mais velhos, geralmente designados por pessoas com 65 anos ou mais, é designado por saúde dos idosos. As pessoas podem sofrer alterações de saúde à medida que envelhecem, incluindo doenças crónicas, dificuldades de mobilidade, declínio cognitivo e deficiências sensoriais [4]. O termo "saúde dos idosos" [5] também se refere a elementos que podem afetar o estado geral de bem-estar de uma pessoa, incluindo o isolamento social, a estabilidade financeira e a disponibilidade de cuidados médicos e serviços de apoio. Os objectivos dos cuidados de saúde para idosos são melhorar a qualidade de vida dos adultos mais velhos, prevenir e tratar doenças crónicas e incentivar um envelhecimento saudável. Vários factores, como o isolamento social, a segurança financeira e o acesso a serviços de apoio e cuidados médicos, podem ter impacto no estado geral de bem-estar de uma pessoa. Estes factores estão também incluídos no termo "saúde dos idosos". Os objectivos dos cuidados de saúde para idosos são promover o envelhecimento saudável, prevenir e tratar doenças crónicas e melhorar a qualidade de vida dos adultos mais velhos [6]. Os algoritmos de aprendizagem automática KNN (K-Nearest Neighbours) e K-Means, amplamente utilizados, têm finalidades distintas na monitorização da saúde dos cidadãos seniores através do processamento dos seus dados de mobilidade.

Algoritmos populares de aprendizagem automática KNN [7] (K-Nearest Neighbours) e K-Means têm diferentes utilizações quando se trata de monitorizar a saúde dos idosos através dos seus movimentos. O KNN é um algoritmo de aprendizagem supervisionada que pode ser utilizado para tarefas de regressão e classificação. Utilizando padrões de movimento corporal, o KNN pode ser utilizado para prever o risco de quedas em pessoas idosas cuja saúde é monitorizada através dos seus movimentos [8]. O algoritmo encontra os K pontos de dados (movimentos corporais, neste caso) mais próximos do novo ponto de dados e utiliza a classe maioritária entre os K vizinhos mais próximos para prever a classe (queda ou não queda). A Figura 1.1 mostra o processo de classificação utilizando o algoritmo KNN [9].

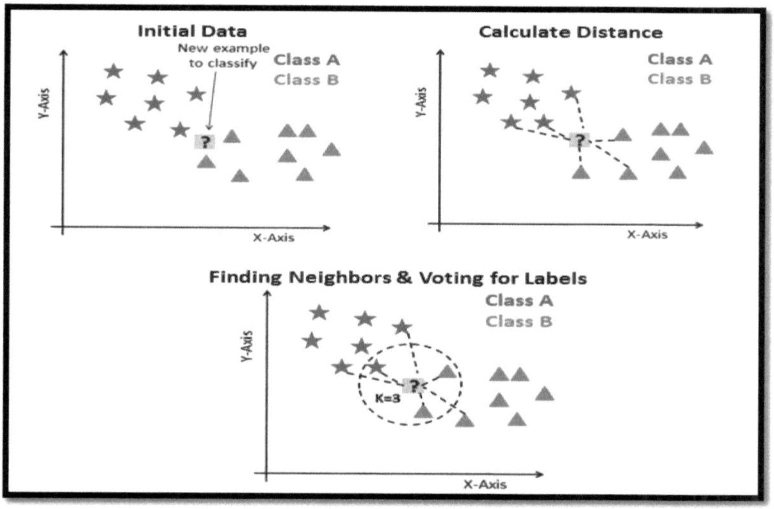

Figura 1.1 Algoritmo KNN

Em contrapartida, o K-Means é um algoritmo de aprendizagem não supervisionado que é aplicado para o agrupamento. Ao monitorizar a saúde dos idosos através dos seus movimentos, o K-Means pode ser utilizado para agrupar movimentos corporais comparáveis com base em atributos. A identificação de movimentos corporais invulgares em pessoas idosas que possam indicar problemas de saúde pode ser auxiliada por este agrupamento. O K-Means é um algoritmo baseado num centróide em que cada agrupamento está associado a um centróide. O principal objetivo deste algoritmo é minimizar a soma das distâncias entre o ponto de dados e os clusters correspondentes. O principal objetivo deste algoritmo é reduzir a distância total entre cada ponto de dados e o seu cluster associado. A Figura 1.2 mostra como funciona o algoritmo de agrupamento K-Means [10].

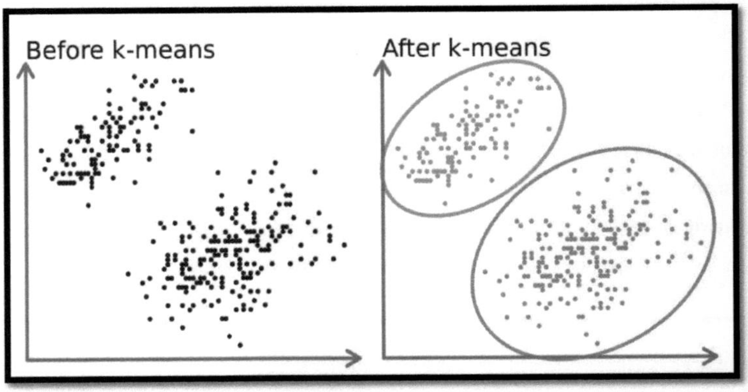

Figura 1.2 Algoritmo de agrupamento K-Means

1.2 Aprendizagem automática nos cuidados de saúde a idosos

O domínio da inteligência artificial conhecido como aprendizagem automática está a revolucionar a compreensão da saúde dos idosos. Os algoritmos de aprendizagem automática podem encontrar padrões e relações em grandes volumes de dados médicos [11] que não são imediatamente visíveis para os médicos humanos. Para a população idosa, esta tecnologia pode oferecer planos de tratamento individualizados, prever resultados de saúde e ajudar no diagnóstico precoce de doenças [12]. Para além de melhorar a precisão e a eficácia dos dispositivos e equipamentos médicos, a aprendizagem automática pode ajudar no desenvolvimento de novos medicamentos e terapias. Em suma, a aprendizagem automática tem o potencial de melhorar consideravelmente a qualidade de vida dos cidadãos seniores, facilitando cuidados de saúde mais eficientes e personalizados.

O diagnóstico precoce ajuda na deteção precoce de doenças como o cancro, a doença de Alzheimer ou problemas cardiovasculares. Os modelos de aprendizagem automática podem analisar dados clínicos e imagens médicas (como raios X e ressonâncias magnéticas). Isto permite um tratamento imediato.

Gestão de doenças crónicas: Tendo em conta as variações e respostas individuais, os algoritmos podem monitorizar e avaliar dados longitudinais para otimizar os planos de tratamento de doenças crónicas como a diabetes, a hipertensão ou a artrite. Os prestadores de cuidados de saúde podem prestar aos idosos cuidados mais individualizados e eficientes utilizando a aprendizagem automática no domínio da saúde dos idosos. Isto permitiu-lhes ter uma vida mais longa e saudável e lidar mais eficazmente com os desafios relacionados com a idade. Seguem-se alguns pontos em que a aprendizagem automática é amplamente utilizada no domínio da saúde dos idosos.

1. **Deteção precoce de problemas de saúde**
   Os algoritmos de aprendizagem automática podem analisar os movimentos do corpo para detetar alterações nos problemas de saúde. Ao reconhecerem padrões nos dados de movimento, estes algoritmos podem fornecer sinais precoces, permitindo uma intervenção e gestão atempadas das condições de saúde.
2. **Controlo contínuo**
   A aprendizagem automática permite a monitorização contínua dos movimentos dos idosos. Esta monitorização contínua permite aos profissionais de saúde acompanhar as alterações ao longo do tempo.
3. **Planos de cuidados personalizados-**
   Ao analisar os dados de movimento e outros parâmetros relacionados com a saúde, os algoritmos de aprendizagem automática podem gerar planos de cuidados personalizados adaptados às necessidades específicas de cada idoso.
4. **Deteção e prevenção de quedas-**
   Os algoritmos de aprendizagem automática podem ser treinados para reconhecer padrões associados a quedas, permitindo o desenvolvimento de sistemas de deteção de quedas.
5. **Integração com os registos de saúde electrónicos**
   Os algoritmos de aprendizagem automática podem ser integrados nos registos de saúde electrónicos para enriquecer os dados clínicos com informações relacionadas com o movimento. Esta integração permite uma visão abrangente do estado de saúde do paciente.

1.3 Aprendizagem automática

A aprendizagem automática consiste em programar computadores para melhorar o desempenho de pontos de referência que estão a utilizar dados de exemplo ou experiência. A aprendizagem automática é utilizada em muitas aplicações diferentes, desde o reconhecimento de imagens e de voz ao processamento de linguagem natural, sistemas de recomendação, deteção de fraudes, otimização de carteiras, tarefas automatizadas, etc. [13]. Os robôs, os drones e os automóveis autónomos são também alimentados por modelos de aprendizagem automática, que lhes conferem maior inteligência e adaptabilidade ambiental.

O domínio de estudo conhecido como aprendizagem automática está relacionado com a questão de saber como construir programas de computador que melhorem automaticamente com a experiência. A Figura 1.3 descreve a posição da aprendizagem automática e da aprendizagem profunda (AP) no domínio da inteligência artificial (IA) [14].

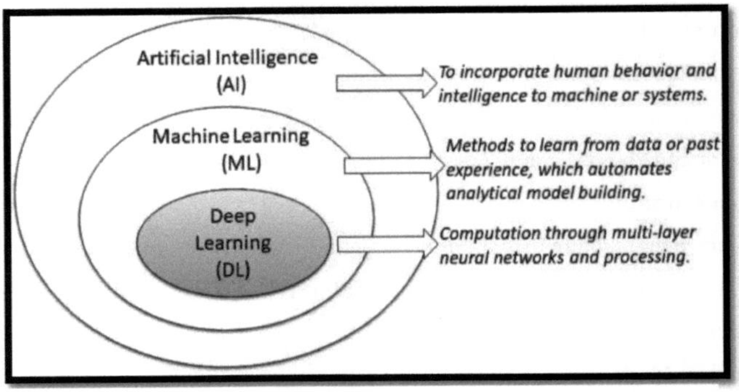

Figura 1.3 Aprendizagem automática

Vantagens da aprendizagem automática

1. Processamento de linguagem natural
2. Reconhecimento de imagens
3. Extração de dados
4. Previsões mais exactas

Tipos de aprendizagem automática

1. Aprendizagem supervisionada
2. Aprendizagem não supervisionada

A Figura 1.4 mostra a diferença entre Aprendizagem Supervisionada e Não Supervisionada [15].

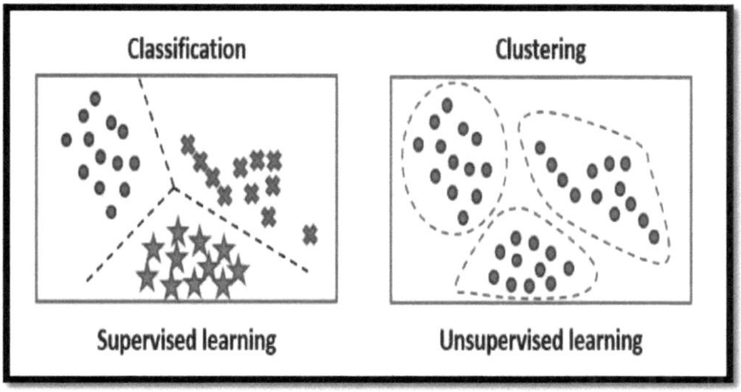

Figura 1.4 Aprendizagem supervisionada e não supervisionada

Aprendizagem supervisionada

A aprendizagem supervisionada é um tipo de aprendizagem automática em que os computadores são treinados com dados de formação que foram corretamente etiquetados. Utilizando estes dados como entrada, as máquinas antecipam o resultado. Os dados etiquetados significam que alguns dados de entrada já estão etiquetados com o resultado correto automaticamente.

Encontrar uma função de mapeamento para ligar a variável de entrada (x) e a variável de saída (y) é o objetivo de um algoritmo de aprendizagem supervisionada. A Figura 1.5 ilustra o processo de aprendizagem supervisionada [16].

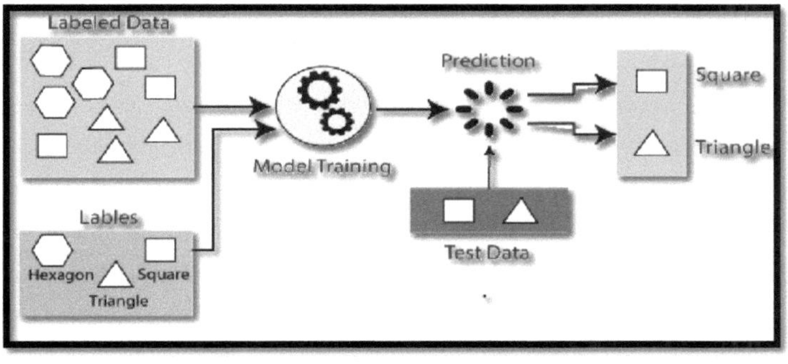

Figura 1.5 Processo de aprendizagem supervisionada

Etapas envolvidas no algoritmo de Aprendizagem Supervisionada

Passo 1: Determinar o tipo de conjunto de dados de treino

Passo 2: Recolher os dados de treino rotulados.

Passo 3: Dividir o conjunto de dados de treino em conjuntos de dados de teste e de validação.

Passo 4: Determinar as caraterísticas de entrada do conjunto de dados de treino

Passo 5: Executar o algoritmo no conjunto de dados de treino.

Passo 6: Avaliar a exatidão do modelo fornecendo o conjunto de teste. Se o modelo prevê o resultado correto, significa que o nosso modelo é preciso.

Vantagens:

1. O modelo pode prever o resultado com base na sua própria experiência.
2. As classes de um objeto são conhecidas com precisão.
3. A aprendizagem supervisionada ajuda a resolver problemas do mundo real.

Desvantagens:

1. Não é adequado para tarefas complexas.
2. A formação exige um tempo máximo.
3. Não pode prever o resultado correto se os dados de teste forem diferentes do conjunto de dados de treino.

KNN (K Nearest Neighbours):

Um dos algoritmos de aprendizagem automática mais simples é o KNN. Trata-se de uma técnica simples, mas eficaz, que pode ser utilizada em situações que envolvem classes binárias e muitas classes. Ao identificar os k pontos de dados no conjunto de dados de treino que estão mais próximos da nova entrada, o algoritmo KNN prevê a saída para a nova entrada e utiliza depois as suas etiquetas (no caso da classificação ou regressão) ou valores (no caso da regressão) [17]. O "k" em KNN representa o número de vizinhos mais próximos que são tidos em conta na elaboração de uma previsão. Embora possam ser utilizadas muitas métricas de distância diferentes para comparar a semelhança dos pontos de dados, a distância euclidiana é a mais frequentemente utilizada. A Figura 1.6 descreve o algoritmo KNN. Este algoritmo prevê a saída para a nova entrada localizando os K pontos de dados mais próximos da nova entrada no conjunto de dados de treino e utilizando depois as suas etiquetas [18].

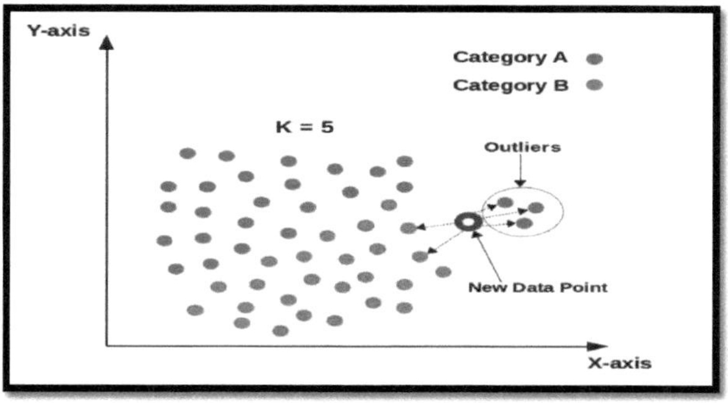

Figura 1.6 KNN (K Nearest Neighbours)

Vantagens:

1. Simples e fácil de compreender
2. Lidar com grandes conjuntos de dados
3. Exato e eficaz

Desvantagens:

1. Sensível a valores atípicos
2. Dados desequilibrados

Aplicações:

1. Previsão do risco de queda
2. Classificação da postura humana

Aprendizagem não supervisionada

Este é um tipo de aprendizagem automática em que os modelos são treinados utilizando um conjunto de dados não rotulados e são autorizados a atuar sobre esses dados sem qualquer supervisão. Sem necessidade humana, estes algoritmos encontram padrões ocultos ou grupos de dados. A Figura 1.7 ilustra o processo de aprendizagem não supervisionada [19].

Métodos de aprendizagem não supervisionada

1) **Agrupamento:** É um método de agrupar objectos em clusters de modo a que os objectos com mais semelhanças permaneçam num grupo e os outros não sejam incluídos.

2) **Regras de associação:** Esta técnica é utilizada para encontrar relações entre variáveis numa grande base de dados e determina o conjunto de itens que ocorrem em conjunto no conjunto de dados.

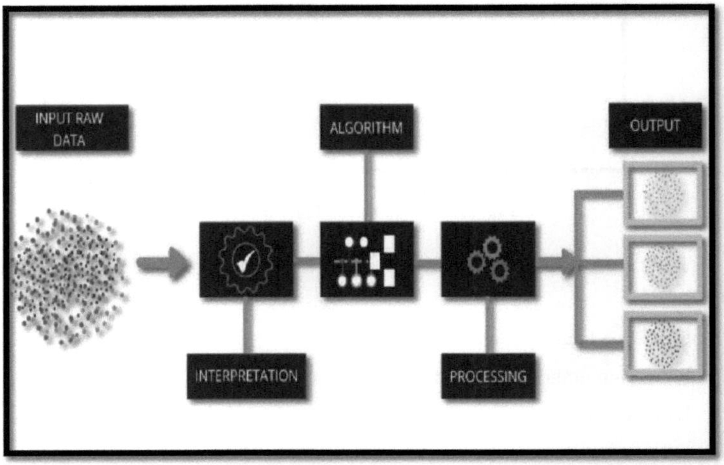

Figura 1.7 Aprendizagem não supervisionada

Funcionamento da aprendizagem não supervisionada

A aprendizagem não supervisionada aprende sem quaisquer rótulos ou formação prévia. Em vez disso, o modelo recebe dados em bruto, não rotulados, e tem as suas próprias regras e estrutura da informação com base em semelhanças, diferenças e padrões, sem instruções explícitas sobre como trabalhar com cada dado.

Os algoritmos de aprendizagem não supervisionada são adequados para trabalhos mais complicados, incluindo o agrupamento de grandes conjuntos de dados. Podem ajudar a encontrar caraterísticas que ajudam a classificar os dados e a detetar tendências nos dados que anteriormente não eram detectadas.

Por exemplo, temos um conjunto de dados meteorológicos. Os dados serão examinados por um algoritmo de aprendizagem não supervisionada, que procurará padrões nos pontos de dados. Por exemplo, pode agrupar dados com base na temperatura ou em tendências meteorológicas comparáveis.

Pode então percorrer os agrupamentos de dados e tentar classificá-los utilizando o seu conhecimento do conjunto de dados, embora o próprio algoritmo seja incapaz de reconhecer estes padrões com base em qualquer informação prévia que tenha fornecido. Por exemplo, pode ver que cada uma das quatro estações do ano é representada pelos vários agrupamentos de temperatura.

Vantagens:

1. É utilizado em tarefas mais complexas.
2. A obtenção de dados não etiquetados é simples.

Desvantagens:

1. Não tem saída.
2. O resultado do algoritmo de aprendizagem não supervisionada pode ser menos preciso, uma vez que os dados de entrada não são rotulados e os algoritmos não conhecem antecipadamente o resultado exato.

Agrupamento K-Means:

O agrupamento K-means é um algoritmo de aprendizagem não supervisionado que é utilizado para resolver problemas de agrupamento. O conjunto de dados não rotulados é dividido em k grupos distintos utilizando um processo iterativo, com cada conjunto de dados a pertencer a um único grupo com atributos comparáveis. Permite-nos agrupar os dados em diferentes grupos e é uma forma conveniente de descobrir as categorias de grupos no conjunto de dados não rotulados por si só, sem necessidade de qualquer formação. Cada grupo nesta técnica está ligado a um centróide, que se baseia na teoria do centróide. O principal objetivo deste algoritmo é reduzir a distância total entre cada ponto de dados e o seu cluster associado. O método k-means funciona através da inicialização aleatória de k centros de clusters no espaço de dados inicialmente [20]. O método determina então a distância a cada centro de agrupamento para cada ponto de dados, atribuindo esse ponto ao agrupamento mais próximo. Depois de cada ponto de dados ter sido atribuído a um cluster, a técnica actualiza os centros dos clusters como a média de todos os pontos atribuídos a esse cluster. A Figura 1.8 mostra o processo do algoritmo K-Means [21].

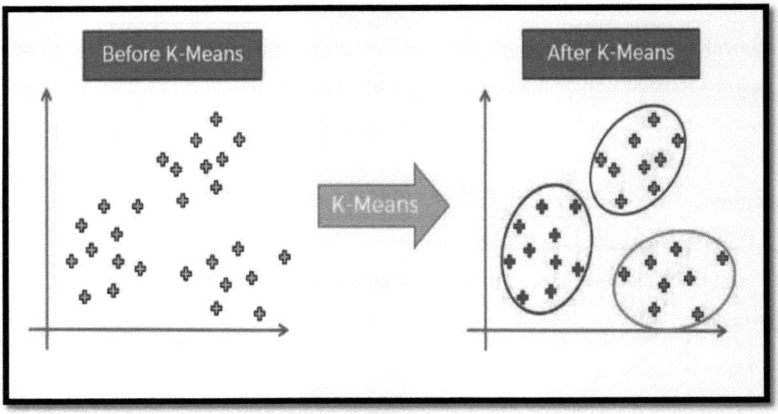

Figura 1.8 Agrupamento K-Means

Vantagens:

1. Simples de implementar
2. É um algoritmo flexível que se pode ajustar facilmente às mudanças.
3. Mensurável e eficaz na recolha de dados de grande dimensão.
4. Mais rápido para dados de baixa resolução.
5. Método menos complexo

Desvantagens:

1. A seleção do centroide inicial é aleatória.
2. Difícil de comparar com diferentes números de clusters.
3. Incapacidade de lidar com dados ruidosos.
4. É necessário especificar previamente o número de clusters.
5. O resultado varia na presença de um valor atípico.
6. Problema com o tratamento de atributos categóricos.

A Tabela 1.1 descreve os modelos de aprendizagem automática e as suas aplicações.

Quadro 1.1 Tipos de aprendizagem automática e respectivas áreas de aplicação

Tipo	Descrição	Áreas de aplicação
Aprendizagem supervisionada	A aprendizagem automática supervisionada é o tipo de aprendizagem automática em que as máquinas são treinadas utilizando dados de treino bem rotulados e, com a entrada de dados da aprendizagem supervisionada, as máquinas prevêem o resultado.	1) Utilizado para tarefas de classificação (por exemplo, deteção de spam, reconhecimento de imagens) 2) O algoritmo de aprendizagem automática supervisionada é utilizado para tarefas de regressão (por exemplo, previsão de preços de casas, previsão de vendas) 3) Em tarefas de PNL (por exemplo, análise de sentimentos, tradução de línguas) e previsão financeira e gestão de riscos.
Aprendizagem não supervisionada	A aprendizagem não supervisionada é um tipo de aprendizagem automática em que os modelos são treinados utilizando um conjunto de dados não rotulados e são autorizados a atuar sobre esses dados sem qualquer supervisão.	1) A aprendizagem não supervisionada é utilizada em Clustering (por exemplo, segmentação de clientes, segmentação de imagens) 2) Na deteção de anomalias (por exemplo, deteção de fraudes, deteção de intrusões na rede) e na aprendizagem de regras de associação (por exemplo, análise de cabazes de compras)

Capítulo- 2
PESQUISA BIBLIOGRÁFICA

No contexto dos cuidados aos idosos, coloca-se a questão de muitos idosos não receberem cuidados adequados nas suas casas. A prestação de cuidados a pessoas idosas exige uma abordagem holística que responda às suas necessidades físicas, emocionais e sociais. Podem ser prestados cuidados eficazes assegurando a saúde física, o bem-estar emocional, a interação social, a assistência na vida quotidiana e o acompanhamento regular do seu estado de saúde. É essencial que os problemas relacionados com a idade sejam identificados e geridos com êxito. A utilização de técnicas e ferramentas de aprendizagem automática tem sido uma solução poderosa para este efeito. Os algoritmos de aprendizagem automática oferecem um conjunto de ferramentas para navegar nas complexidades das questões relacionadas com a saúde, a fim de melhorar a qualidade e a eficiência. A aprendizagem automática pode resolver problemas como a deteção precoce e a previsão de registos médicos, a monitorização remota do estado de saúde dos idosos, a otimização do apoio e do fluxo de trabalho e a deteção e prevenção de quedas.

Foram utilizadas técnicas de aprendizagem automática para compreender o comportamento físico dos adultos mais velhos [3]. O estudo teve como objetivo (1) testar o desempenho de um modelo de aprendizagem automática existente (HARTH); (2) comparar o desempenho deste modelo com um modelo modificado (HAR70+); e (3) avaliar a eficácia de ambos os modelos em idosos com e sem auxiliares de marcha. As actividades diárias têm sido monitorizadas especialmente entre os adultos idosos com dificuldades de locomoção, uma vez que afectam significativamente a sua independência e bem-estar geral [22]. A manutenção de um estilo de vida ativo é crucial para a sua saúde física.

As tecnologias de sensores de acelerómetro e giroscópio têm sido utilizadas para monitorizar as actividades de pessoas idosas, tanto em ambientes interiores como exteriores [23]. O conjunto de dados inclui acções comuns como estar de pé, deitar-se, caminhar, sentar-se e subir escadas. Foi introduzida uma técnica de deteção de stress utilizando a aquisição de sinais ECG e a variabilidade da frequência cardíaca para analisar a ansiedade psicológica entre os idosos, empregando o algoritmo K-means [12]. Tanto o modelo de regressão logística (LR) como o modelo RFC superaram o modelo KNN no reconhecimento do stress psicológico.

Os idosos constituem um grupo demográfico significativo que necessita de atenção contínua devido a vários problemas de saúde relacionados com a idade, como a obesidade, a hipertensão arterial e os problemas de açúcar no sangue [24]. Estas condições de saúde provocam frequentemente desconforto, como dores de cabeça, tonturas e problemas de visão, exigindo medicação e gestão adequadas. As acções preventivas são realçadas com um enfoque principal na previsão de alterações nos indicadores críticos de saúde que podem resultar em quedas rápidas [25]. O algoritmo K Nearest Neighbour prevê estas quedas com a maior precisão, enquanto outros métodos demonstram diferentes graus de precisão.

Os actuais sistemas de captura do movimento humano enfrentam limitações, como a latência, os desenhos volumosos, os custos elevados e o consumo excessivo de energia [26]. Um dispositivo é integrado com vários métodos de aprendizagem profunda/máquina para classificar e prever diferentes posturas da mão, utilizando técnicas como o agrupamento não supervisionado k-means. Métodos como as redes neuronais e os mapas auto-organizáveis não supervisionados são utilizados para classificar as posturas humanas, determinando simultaneamente o número ótimo de clusters [27]. Embora os algoritmos de agrupamento não supervisionado identifiquem eficazmente as posturas, a investigação anterior avalia frequentemente a precisão do reconhecimento sem se concentrar na seleção do número correto de agrupamentos que correspondem às posturas.

Para atenuar o risco e evitar totalmente as quedas, a atenção passou a centrar-se nos métodos de prevenção de quedas [28]. Este estudo é pioneiro na utilização de sensores de pressão sem fios incorporados em palmilhas para recolher dados para treinar modelos de aprendizagem automática que avaliam a probabilidade de queda de um indivíduo. O paradigma das operações de aprendizagem automática (MLOps) aborda a questão integrando vários componentes, como a cultura de desenvolvimento, os quadros conceptuais e as melhores práticas [29]. Para clarificar este conceito, a investigação utiliza uma abordagem de métodos mistos, combinando entrevistas a peritos, avaliações de ferramentas e estudos bibliográficos para colmatar esta lacuna e oferecer uma compreensão mais clara das operações de aprendizagem automática.

Os conjuntos de dados de reconhecimento da atividade humana (HAR) ganharam proeminência como uma fonte de dados valiosa, graças à capacidade dos dispositivos móveis e portáteis para detetar actividades humanas quotidianas [30]. Para gerir a carga computacional de dados enormes, é apresentada uma estratégia de agrupamento por aproximação paralela. A criação de uma aplicação para smartphone que avalia registos médicos, incluindo diabetes, hipertensão e doenças crónicas, incentivou a melhoria do bem-estar e do estilo de vida dos doentes [31]. Através da aplicação de técnicas de aprendizagem automática, este sistema visa o diagnóstico de doenças crónicas.

São comparados vários desempenhos das variações do K Nearest Neighbour na previsão de doenças [7]. A análise comparativa tem em conta as métricas de desempenho de exatidão, precisão e recordação, revelando variações nos valores médios de exatidão entre estas abordagens. Os métodos de IA oferecem uma solução, identificando potencialmente condições de risco de vida nos doentes [32]. Isto torna-se especialmente crítico no diagnóstico precoce de doenças como a hipertensão arterial, as doenças cardíacas e a diabetes, que aumentam os riscos de hospitalização e mortalidade nos indivíduos afectados pela COVID-19. Foram utilizadas técnicas de extração de dados para diagnosticar doentes diabéticos.

O acidente vascular cerebral (AVC), uma forma grave de doença cerebrovascular, coloca desafios significativos aos adultos, afectando o seu bem-estar físico e emocional [11]. Este estudo apresenta um novo método para prever e examinar exaustivamente a gravidade do AVC em adultos com 65 anos de idade ou mais, utilizando a National Institutes of Health Stroke Scale (NIHSS). A população idosa está a expandir-se e os avanços nos cuidados de saúde aumentaram significativamente a esperança de vida [4]. Consequentemente, o aperfeiçoamento das técnicas de processamento de imagem e vídeo tornou-se fundamental para a criação de um sistema sofisticado de deteção de quedas. A investigação concentrou-se na implementação de uma abordagem prática baseada na visão para a deteção de quedas.

As actuais abordagens diagnósticas e preditivas do AVC geriátrico baseiam-se predominantemente em métodos de imagem como a ressonância magnética (RM) [33]. No entanto, os períodos de exame prolongados e os custos elevados da IRM colocam desafios à deteção e previsão rápidas e fiáveis de perturbações do AVC. O reconhecimento da atividade humana tem registado um crescimento substancial devido à utilização generalizada de dispositivos electrónicos como telemóveis, smartphones e câmaras de vídeo [34]. O desenvolvimento de aplicações de Reconhecimento da Atividade Humana depende em grande medida da aprendizagem automática. Este trabalho aborda especificamente uma lacuna significativa, não só dando ênfase à aprendizagem automática, mas também abordando a questão central do reconhecimento da atividade humana de forma abrangente.

Para criar dados sobre quedas humanas, foi criado um modelo impresso em 3D altamente ajustável com doze articulações, representando com exatidão as proporções da massa corporal humana com base em investigação aprofundada [35]. Foram registados vários testes, incluindo quedas humanas, quedas de objectos e padrões de vibração do pavimento, para uma análise detalhada. Foram utilizados algoritmos de aprendizagem automática como o K-means e o K-nearest neighbour no processo de categorização. A classificação exacta das posturas humanas é importante em várias aplicações, como a deteção de quedas, a análise desportiva, a ergonomia no local de trabalho, os estudos dos padrões de sono e a monitorização de pessoas idosas [36]. O estudo abrange seis posturas: dormir, sentar, estar de pé, correr, inclinar-se para a frente e inclinar-se para trás. Foram explorados algoritmos de aprendizagem supervisionados e não supervisionados.

A combinação de sistemas de tecnologia de deteção com técnicas de aprendizagem automática apresenta uma solução robusta para ambientes domésticos inteligentes, beneficiando a vida independente, os cuidados a idosos e a monitorização da saúde [37]. A capacidade de detetar actividades simultâneas melhorou e resolve a questão da sobreposição de actividades nas casas inteligentes [38]. Os conhecimentos do sistema podem beneficiar os idosos, os prestadores de cuidados e as equipas médicas, identificando actividades e permitindo o desenvolvimento de acções preventivas e corretivas. A rede neural profunda é utilizada para reconhecer actividades com base em diversas caraterísticas extraídas.

Foram incluídas abordagens de agrupamento baseadas em limiares e k-means que classificam as fases do sono [39]. Os algoritmos propostos classificam os indivíduos em quatro fases de sono ("acordado", "sono ligeiro", "sono profundo" e "REM") utilizando apenas dados de aceleração do pulso não dominante. Um método proposto calcula uma pontuação do sono considerando tanto a duração total do sono como a duração de cada fase do sono, simplificando a avaliação da qualidade do sono numa única pontuação. A doença de Alzheimer (DA) é uma das formas mais comuns de demência que afecta predominantemente os indivíduos mais velhos [40]. O diagnóstico da DA nas suas fases iniciais representa um desafio significativo em contextos clínicos, uma vez que não existem biomarcadores precisos para a deteção precoce. Além disso, não existe uma cura conhecida para a DA e um número considerável de ensaios clínicos que testam medicamentos para a DA falham. Os investigadores estão a procurar ativamente formas de identificar sinais precoces da DA para impedir a sua progressão.

Os dados globais indicam uma relação clara entre o envelhecimento e um número crescente de problemas médicos coexistentes [41]. É crucial antecipar, tratar e prevenir as doenças na altura certa, especialmente para os idosos, uma vez que as comunidades de cuidados de saúde mudam a um ritmo mais rápido com grandes quantidades de dados. O objetivo deste documento é analisar a investigação anterior sobre algoritmos de previsão para uma série de doenças crónicas que afectam os idosos. Um número crescente de pessoas idosas necessita de cuidados de longa duração que os jovens não podem prestar, especialmente na Europa [42]. Como alternativa, os dispositivos automáticos de monitorização da saúde instalados em casa podem ser utilizados para prestar cuidados aos idosos. Sugerem-se técnicas de exploração de dados num sistema que utilize a análise da marcha para identificar automaticamente problemas de saúde, actividades e quedas.

A tecnologia de deteção de quedas é essencial para os idosos [43]. Técnicas fiáveis de deteção de quedas podem aumentar a segurança de vida e a autoconfiança dos idosos, notificando os prestadores de cuidados de incidentes de queda. São utilizadas técnicas de extração de dados para identificar as quedas. A abordagem proposta pelo autor efectua duas etapas de deteção. Inicialmente, recolhe dados em formato de fluxo de dispositivos sensores ligados à rede de sensores sem fios (RSSF). Em segundo lugar, utiliza o conhecido método de aprendizagem preguiçosa, k-nearest neighbour, para identificar incidentes de queda. A rápida evolução de plataformas, ferramentas e metodologias como a Internet das Coisas (IoT) para a criação de sistemas de monitorização fisiológica e comportamental tem sido facilitada pelo avanço das tecnologias de sensores [44]. Com a utilização de tecnologia de sensores e dispositivos da Internet das Coisas, oferece um sistema de monitorização da saúde que permite às equipas médicas participantes observar e avaliar continuamente a atividade comportamental e os parâmetros biológicos de uma pessoa idosa ou com deficiência.

As quedas dos idosos estão a tornar-se cada vez mais comuns [45]. Ocasionalmente, podem ocorrer lesões graves na anca e na espinal medula. Por conseguinte, é necessário um sistema de deteção de quedas para evitar essa ocorrência. Quatro caraterísticas - coeficiente de movimento, limiar de silhueta, ângulo de orientação e rácio da elipse ajustada - foram utilizadas pelo classificador KNN como entradas para identificar eventos. Os relatórios indicam que cerca de 30% das pessoas em todo o mundo têm sons pulmonares anómalos [46]. Apesar desta prevalência, os estetoscópios tradicionais continuam a ser a principal ferramenta para diagnosticar estes sons. Os estetoscópios utilizam os coeficientes cepstrais de frequência mel (MFCC) para extrair as caraterísticas dos sons pulmonares. Além disso, o algoritmo K-means foi utilizado para agrupar estas caraterísticas, reduzindo a quantidade de dados que necessitam de análise.

Sugere-se um método para a deteção precoce de problemas de saúde num determinado tipo de marcha, com o objetivo de melhorar a capacidade dos idosos para viverem independentemente em casa [47]. O dispositivo notifica um médico e fornece um diagnóstico ao detetar um problema de saúde. Utiliza um sistema de captura de movimentos que inclui sensores e etiquetas corporais para registar a marcha do utilizador sénior. São utilizadas técnicas de aprendizagem automática para analisar as séries temporais resultantes das coordenadas de posição para identificar problemas de saúde específicos. Para ajudar os idosos nas tarefas diárias, a solução reside num sistema de monitorização da saúde ou da atividade [48]. Com o aumento da população idosa, há uma maior necessidade de serviços de saúde, o que melhora as capacidades dos actuais sistemas de monitorização para prestar cuidados suficientes. Propõe-se um novo sistema de monitorização para os idosos, que permite a monitorização da atividade e da informação pessoal, tanto em ambientes interiores como exteriores.

Os idosos podem sofrer um declínio da função dos membros inferiores em resultado do envelhecimento, o que pode limitar as suas actividades diárias e aumentar o risco de queda [49]. Os sensores de força do pé recolheram dados sobre a força de reação do solo (GRF), que foi medida utilizando a entropia da amostra. Os idosos foram classificados em dois grupos: os que estavam em risco de cair e os que não estavam. Para tal, foi utilizado um algoritmo de seleção de caraterísticas para três classificadores baseados em KNN: classificação do k-vizinho mais próximo baseado na média local (LMKNN), do pseudo-vizinho mais próximo (PNN) e do pseudo-vizinho mais próximo baseado na média local (LMPNN). A principal utilização dos sistemas de monitorização geriátrica é a prestação de cuidados a idosos e deficientes que vivem sozinhos [50]. Os sistemas de deteção utilizam frequentemente sensores vestíveis, sensores ambientais e tecnologias baseadas na visão. Os idosos têm de usar dispositivos de deteção quando utilizam sistemas baseados em sensores. Além disso, os sensores requerem manutenção e carregamento de rotina. Para cobrir toda a área de atuação, também é necessário instalar sensores ambientais em todas as divisões. A sua eletrónica complexa e a sensibilidade à temperatura representam um desafio adicional. Os dispositivos baseados na visão são a única opção viável.

Os sistemas de deteção e classificação de quedas são essenciais para reduzir os graves efeitos médicos e financeiros das quedas [51]. Para a classificação da direção da queda nas quatro direcções fundamentais (para a frente, para trás, para a direita e para a esquerda), são utilizados oito classificadores de aprendizagem automática, como o classificador KNN, a abordagem dos mínimos quadrados e a tomada de decisão bayesiana (BDM), SVM, ANN, classificador de árvore de decisão, RF e boosting adaptativo. A deteção de movimentos está a receber mais atenção entre todos os diferentes problemas de reconhecimento de padrões [52]. São exploradas técnicas de processamento de dados de movimento humano obtidos a partir de dispositivos sensores sem fios para identificar vários comportamentos de movimento humano, incluindo estar de pé, sentado, deitado, cair, correr e andar. As actividades dos dados recolhidos dos sensores são categorizadas utilizando os algoritmos KNN e Back Propagation Neural Network (BPNN) com base em dados de amostra. A Tabela 2.1 mostra os artigos com o seu resumo e foco. Cada artigo tem diferentes tecnologias utilizadas para efetuar o procedimento.

Tabela 2.1: Revisão da literatura

Título do estudo e autores	Resumo	Foco
A. Ustad *et al.*, "Validation of an Activity Type Recognition Model Classifying Daily Physical Behavior in Older Adults: The HAR70+ Model", *Sensors*, vol. 23, no. 5, 2023, doi: 10.3390/s23052368.	Envolve a aprendizagem automática com a monitorização da atividade para compreender o comportamento físico dos adultos mais velhos	O estudo teve como objetivo (1) testar o desempenho de um modelo de aprendizagem automática existente (HARTH); (2) comparar o desempenho deste modelo com um modelo modificado (HAR70+); e (3) avaliar a eficácia de ambos os modelos em idosos com e sem auxiliares de marcha.
Ekemeyong Awong, L.E. e Zielinska, T., (2023) "Comparative Analysis of the Clustering Quality in Self-Organizing Maps for Human Posture Classification", MDPI	Desenvolver uma metodologia para selecionar o número adequado de clusters para agrupar e identificar posturas humanas utilizando mapas auto-organizados não supervisionados.	Classificação da postura e redes neuronais.
Agrawal, D.K., Usaha, W., Pojprapai, S. e Wattanapan, P., (2023) "Fall risk prediction using wireless sensor insoles with machine learning", IEEE	Utiliza palmilhas com sensores sem fios e modelos ML para prever o risco de queda em indivíduos.	Previsão do risco de queda utilizando sensores de pressão.
Peimankar, A., Winther, T.S., Ebrahimi, A. e Wiil, U.K., (2023) "A machine learning approach for walking classification in elderly people with gait disorders", MDPI	Desenvolver um algoritmo ML para classificar a atividade de marcha de indivíduos com diferentes anomalias de marcha.	Classificação da marcha em indivíduos com perturbações da marcha.

Kreuzberger, D., Kühl, N. e Hirschl, S., (2023) "Operações de aprendizagem automática (mlops): Visão geral, definição e arquitetura", IEEE	Apresenta uma panorâmica dos princípios, componentes e funções das operações de ML (MLOps).	Visão geral dos princípios e da arquitetura dos MLOps.
Shahraki, Z.A. e Nafchi, M.A., (2023) "Preventing the Elderly with Diabetes from the Risk of Falling using a Multilayer Perceptron Classifier", IEEE	Previsão de quedas em idosos com diabetes utilizando classificadores perceptron multicamadas.	Previsão de quedas em idosos com diabetes.
G. Mirzaei e H. Adeli, "Machine learning techniques for the diagnosis of Alzheimer's disease, mild cognitive disorder, and other types of dementia," *Biomed.*	O diagnóstico da doença de Alzheimer nas suas fases iniciais representa um desafio significativo em contextos clínicos, uma vez que não existem biomarcadores precisos para a deteção precoce.	Os investigadores estão a procurar ativamente formas de identificar sinais precoces da doença de Alzheimer para impedir a sua progressão.
U. Saxena, S. Moulik, S. R. Nayak, T. Hanne, e D. Sinha Roy, "Ensemble-Based Machine Learning for Predicting Sudden Human Fall Using Health Data," *Math. Probl. Eng.*, vol. 2021	O foco principal é a previsão de mudanças incomuns em indicadores de saúde cruciais que possam levar a quedas abruptas, enfatizando medidas preventivas	O algoritmo K Nearest Neighbour demonstra a maior precisão na previsão destas quedas, enquanto outros algoritmos apresentam diferentes níveis de precisão.
A. Babu, S. Ranpariya, D. K. Sinha e D. Mandal, "Deep Learning Enabled Perceptive Wearable Sensor: An Interactive Gadget for Tracking Movement Disorder", *Adv. Mater. Technol*,	Os actuais sistemas de captura do movimento humano enfrentam limitações como a latência, os desenhos volumosos, os custos elevados e o consumo excessivo de energia.	Um dispositivo é integrado com vários métodos de aprendizagem profunda/máquina para classificar e prever diferentes poses da mão, utilizando técnicas como o agrupamento não supervisionado k-means.
A. A. M. Jamel e B. Akay, "Human activity recognition based on parallel approximation kernel K-means algorithm", *Comput. Syst. Sci. Eng*,	Os conjuntos de dados de reconhecimento da atividade humana (HAR) ganharam proeminência como uma fonte de dados valiosa, graças à capacidade dos dispositivos móveis e portáteis para detetar actividades humanas quotidianas.	Para gerir a carga computacional de dados enormes, é fornecida uma estratégia de agrupamento por aproximação paralela.

S. A. EL-Rahman, A. Saleh Alluhaidan, R. A. AlRashed e D. N. AlZunaytan, "Sistema de monitorização e diagnóstico de doenças crónicas baseado na seleção de caraterísticas e em modelos preditivos de aprendizagem automática"	Promove a melhoria do bem-estar e do estilo de vida dos doentes através do desenvolvimento de uma aplicação para smartphone que avalia os registos médicos	Ao implementar técnicas de aprendizagem automática, este sistema visa diagnosticar doenças crónicas.
A. Hayat, M. D. Fernando, B. P. Bhuyan e R. Tomar, "Human Activity Recognition for Elderly People Using Machine and Deep Learning Approaches", *Inf.*, vol. 13, n.º 6, 2022, doi: 10.3390/info13060275	As tecnologias de sensores de acelerómetro e giroscópio têm sido utilizadas para monitorizar as actividades de pessoas idosas, tanto em ambientes interiores como exteriores.	O conjunto de dados inclui acções comuns como estar de pé, deitar-se, caminhar, sentar-se e subir escadas.
X. Li, J. Zhang e F. Safari, "Improving the Accuracy of Diabetes Diagnosis Applications through a Hybrid Feature Selection Algorithm," Neural Process.Lett,	Os métodos de IA oferecem uma solução ao identificarem potencialmente condições de risco de vida nos pacientes. Isto torna-se especialmente importante no diagnóstico precoce de doenças como a tensão arterial elevada, as doenças cardíacas e a diabetes	As técnicas de extração de dados têm sido utilizadas para diagnosticar doentes diabéticos.
Y.A. Choi et al., "Machine Learning-based elderly stroke monitoring system using electroencephalography vital signals," Appl. Sci,	As actuais abordagens diagnósticas e preditivas do AVC geriátrico baseiam-se predominantemente em métodos de imagem como a ressonância magnética.	Os períodos de exame prolongados e os custos elevados da RM representam desafios para a deteção e previsão rápidas e fiáveis de perturbações do AVC.
P. Kumar e S. Chauhan, "ARTIGO RETRATADO: Human Activity recognition with deep learning: overview, challenges, and possibilities", CCF Trans.	A HAR tem registado um crescimento substancial devido à utilização generalizada de dispositivos electrónicos como telemóveis, smartphones e câmaras de vídeo. O desenvolvimento de aplicações HAR depende em grande medida do ML.	Este trabalho aborda especificamente uma lacuna significativa, não só dando ênfase à aprendizagem automática, mas também abordando a questão central da HAR de forma abrangente.

K. A. Alaghbari, M. H. Mohamad, A. Hussain e M. R. Alam, "Reconhecimento de actividades, deteção de anomalias e previsão da atividade seguinte com base em redes neuronais em casas inteligentes", *IEEE Access*,	Os conhecimentos do sistema podem beneficiar os idosos, os prestadores de cuidados e as equipas médicas, identificando actividades e permitindo o desenvolvimento de acções preventivas e corretivas.	A Deep Neural Network é utilizada para reconhecer actividades com base em diversas caraterísticas extraídas.

Capítulo- 3
FORMULAÇÃO DE PROBLEMAS

A necessidade de cuidados eficazes aos idosos torna-se cada vez mais crucial à medida que a população cresce. Um aspeto importante dos cuidados aos idosos é a monitorização da saúde, que envolve o acompanhamento de vários parâmetros de saúde para garantir uma intervenção e apoio atempados. A aprendizagem automática desempenha um papel vital na saúde dos idosos devido à sua capacidade para enfrentar os desafios que lhe estão associados. A saúde dos idosos tem vários factores associados, como doenças crónicas, alterações relacionadas com a idade, etc.

As técnicas de ML são utilizadas na análise de grandes conjuntos de dados, cobrindo padrões ocultos e fornecendo sugestões personalizadas para as necessidades individuais. A aprendizagem automática contribui para os cuidados preventivos, para a melhoria dos resultados dos tratamentos e para o aumento da qualidade de vida dos idosos, prevendo os riscos para a saúde e facilitando a deteção precoce de doenças. A aprendizagem automática é utilizada na saúde dos idosos para resolver problemas como

1. **Modelação preditiva**: Os algoritmos de aprendizagem automática podem ser utilizados para desenvolver modelos preditivos que prevejam os resultados de saúde dos idosos. Por exemplo, estes modelos podem prever o risco de desenvolver doenças crónicas como a diabetes, doenças cardíacas ou cancro.
2. **Cuidados de saúde personalizados**: Os algoritmos de aprendizagem automática podem ser utilizados nos sistemas de saúde com base em caraterísticas individuais. Podem analisar grandes quantidades de dados de pacientes para desenvolver planos de saúde personalizados para as necessidades específicas dos idosos. Ao fornecer intervenções personalizadas, os cuidados de saúde personalizados melhoram os resultados dos pacientes e aumentam a eficiência da prestação de cuidados de saúde.
3. **Deteção precoce dos riscos para a saúde**: A intervenção atempada e as acções preventivas são feitas para a deteção precoce de doenças nos idosos. A deteção precoce permite intervenções atempadas, reduzindo a dureza dos problemas de saúde e melhorando a previsão.
4. **Monitorização remota:** Os dados de saúde em tempo real recolhidos de pessoas idosas podem ser analisados utilizando algoritmos de aprendizagem automática. A

aprendizagem automática facilita a monitorização remota do estado de saúde e do bem-estar dos idosos utilizando dispositivos portáteis, sensores inteligentes e outras tecnologias de monitorização remota. A monitorização remota permite aos prestadores de cuidados de saúde acompanhar o estado de saúde dos pacientes e detetar alterações dos padrões normais, mesmo à distância.

5. **Otimização dos recursos dos cuidados de saúde**: Os algoritmos de aprendizagem automática podem ajudar os sistemas de saúde a afetar recursos de forma eficiente e precisa. Os algoritmos de aprendizagem automática analisam dados de cuidados de saúde em grande escala para otimizar a atribuição de recursos, incluindo pessoal, equipamento e instalações, para satisfazer as necessidades das populações idosas de forma eficiente. A otimização dos recursos de cuidados de saúde garante que os idosos recebem cuidados atempados e adequados.
6. **Percepções baseadas em dados**: As técnicas de aprendizagem automática permitem a extração de dados de grandes conjuntos de dados. Ao analisar registos de saúde e dados médicos, os investigadores podem avaliar o desempenho.

Esta investigação tem como objetivo investigar dois algoritmos de aprendizagem automática, nomeadamente o KNN (K-Nearest Neighbors) e o K-Means, relativamente à monitorização da saúde dos idosos. O objetivo principal é comparar e contrastar o desempenho destes algoritmos na previsão de resultados de saúde e na identificação de potenciais riscos para a saúde entre populações idosas.

5.1 Lacuna de investigação

Para melhorar os cuidados de saúde dos adultos seniores, é urgente investigar e avaliar a eficácia dos algoritmos de aprendizagem automática para acompanhar a saúde destes indivíduos durante as suas deslocações. Embora alguns estudos tenham investigado a aplicação dos algoritmos de agrupamento K-Nearest Neighbour's (KNN) e K-Means neste cenário, existe atualmente uma falta significativa de investigação.

Existem apenas alguns estudos pormenorizados que avaliam e comparam a eficácia dos algoritmos KNN e K-Means no domínio específico da monitorização da saúde física dos idosos. A literatura existente concentrou-se principalmente num algoritmo, deixando uma lacuna considerável no conhecimento sobre qual a estratégia mais bem sucedida e eficiente. A investigação apresentada tem por objetivo avaliar ambos os algoritmos, que não foram utilizados em trabalhos de investigação anteriores.

Esta lacuna de investigação exige uma análise aprofundada das vantagens e desvantagens relativas do KNN e do K-Means quando utilizados em conjuntos de dados reais para a monitorização da saúde geriátrica. Uma análise deste tipo ajudaria a fazer progredir a utilização da aprendizagem automática nos cuidados de saúde, revelando ao mesmo tempo qual o algoritmo com mais hipóteses de garantir o bem-estar da população idosa. Pode também abrir a porta à criação de sistemas de monitorização mais especializados que sejam eficientes e eficazes, elevando, em última análise, o nível dos cuidados prestados aos idosos. A Tabela 3.1 descreve o problema que não foi incluído nos estudos existentes.

Quadro: 3.1 Lacuna de investigação

Lacuna na investigação	Identificado a partir de	Descrição
Lacuna 1	Revisão da literatura	Há falta de estudos pormenorizados que avaliem e comparem a eficácia dos algoritmos K-Nearest Neighbour (KNN) e K-Means na monitorização da saúde física dos idosos. A literatura existente centra-se sobretudo num algoritmo, deixando uma lacuna no conhecimento sobre qual a estratégia mais bem sucedida e eficiente. Este estudo tem como objetivo avaliar ambos os algoritmos, que não foram amplamente utilizados em trabalhos de investigação anteriores. A lacuna de investigação exige uma análise exaustiva das vantagens e desvantagens relativas do KNN e do K-Means quando aplicados a conjuntos de dados do mundo real para monitorizar a saúde geriátrica. Essa análise poderia fazer avançar a utilização da aprendizagem automática nos cuidados de saúde e orientar o desenvolvimento de sistemas de monitorização mais especializados, melhorando, em última análise, o padrão de cuidados para os idosos.

5.2 Objectivos

Esta sinopse tem como objetivo analisar algoritmos de aprendizagem automática, especificamente K-Nearest Neighbours (KNN) e K-Means, para avaliar a sua eficácia na monitorização da saúde dos idosos através dos movimentos do corpo. A escolha de nos concentrarmos apenas na questão da saúde dos idosos deve-se a várias razões importantes.

1. Estudar **e analisar os modelos existentes para monitorizar as questões de saúde dos idosos -** Examinar os modelos existentes de monitorização da saúde dos idosos em resposta à tendência crescente das famílias nucleares, em que os idosos vivem frequentemente sozinhos, para desenvolver sistemas de apoio específicos e garantir o seu bem-estar
2. **Propor um modelo que utilize técnicas de monitorização inovadoras para monitorizar os problemas de saúde dos idosos -** Desenvolver um sistema robusto para monitorizar continuamente o estado de saúde da população idosa. Os algoritmos de agrupamento e classificação serão utilizados no conjunto de dados e os seus resultados serão comparados.
3. **Validar o Sistema de Vigilância Sanitária Integral proposto -** Os resultados do modelo proposto serão analisados através de testes matemáticos e estatísticos para concluir qual o algoritmo com melhor desempenho.

Capítulo- 4
METODOLOGIA E APLICAÇÃO

4.1 Metodologia de investigação

Refere-se ao processo ou abordagem sistemática utilizada pelos investigadores para efetuar um estudo, recolher dados, analisar informações e tirar conclusões. Engloba o quadro, os métodos, as técnicas e os procedimentos utilizados para abordar eficazmente os objectivos da investigação. A metodologia de investigação é considerada um ponto importante durante a realização da investigação, que garante que o estudo é efectuado de forma estruturada. Foram utilizadas **a linguagem de programação Python** e o **Google Colab**. Python é uma linguagem de programação conhecida pela sua simplicidade e versatilidade, enquanto o Google Colab proporciona um ambiente cómodo e colaborativo para escrever e executar código Python na nuvem. Seguem-se algumas bibliotecas Python utilizadas no código.

1. Scikit-learn (sklearn)

Objetivo: Scikit-learn é uma biblioteca versátil de aprendizagem automática em Python que fornece ferramentas simples e eficientes para a extração e análise de dados. Estão disponíveis numerosos algoritmos para pré-processamento, seleção de modelos, redução da dimensionalidade, regressão, agrupamento e classificação. Também dá ênfase à simplicidade do código, à facilidade de utilização e à extensibilidade, tornando-a uma escolha popular tanto para principiantes como para profissionais experientes em aprendizagem automática.

Aplicações: O Scikit-learn é amplamente utilizado para construir modelos de aprendizagem automática em vários domínios, como os cuidados de saúde, finanças, marketing e processamento de linguagem natural (PNL) e é utilizado na extração e seleção de caraterísticas, avaliação e validação de modelos.

2. TensorFlow:

Objetivo: O TensorFlow é uma estrutura de aprendizagem de máquinas de código aberto desenvolvida pela Google. Fornece uma plataforma flexível e escalável para a implementação de redes neuronais e outros algoritmos. O TensorFlow oferece uma vasta rede de ferramentas, bibliotecas e recursos comunitários para facilitar a criação e a aplicação de modelos de aprendizagem automática.

Aplicações: Reconhecimento de imagens, processamento de linguagem natural, reconhecimento de voz, sistemas de recomendação, veículos autónomos e previsão de séries temporais.

3. Scapy:

Objetivo: Scapy é uma poderosa biblioteca Python utilizada para manipulação de pacotes e análise de redes. Permite-lhe criar, manipular, enviar e descodificar pacotes numa rede. O Scapy fornece uma interface flexível para a criação de pacotes personalizados e para a realização de várias tarefas relacionadas com a rede, tais como a análise, a deteção e a falsificação de tráfego de rede.

Aplicações: Segurança e monitorização de redes, análise e teste de protocolos.

4. Pandas:

Objetivo: Pandas é uma poderosa biblioteca de manipulação e análise de dados em Python. Fornece estruturas de dados e funções de alto desempenho para trabalhar com dados estruturados. As Pandas são amplamente utilizadas em tarefas de pré-processamento, limpeza, exploração e transformação de dados, especialmente em fluxos de trabalho de ciência de dados e aprendizagem automática.

Aplicações: O Pandas é amplamente utilizado para tarefas de análise e manipulação de dados em ciência de dados, finanças, economia, marketing e outros domínios. Também é utilizado na análise de dados, no pré-processamento de dados e na análise de séries temporais.

5. Matplotlib:

Objetivo: Matplotlib é uma biblioteca de plotagem popular em Python utilizada para criar visualizações interactivas. Fornece uma vasta gama de funções de plotagem para gerar diferentes tipos de gráficos, incluindo gráficos de linhas, gráficos de barras, histogramas e gráficos de dispersão.

Aplicações: Visualização de dados, análise exploratória de dados, plotagem científica, gráficos estatísticos, apresentação e relatórios.

6. **Ajoelhado**:

Objetivo: Uma biblioteca kneed é uma ferramenta utilizada para detetar o "ponto de joelho" ou o "ponto de cotovelo" numa curva. Esta biblioteca é particularmente útil na análise de dados e na aprendizagem automática quando se pretende encontrar automaticamente o ponto numa curva em que a taxa de variação muda significativamente, indicando frequentemente um número ótimo de clusters ou outro ponto crítico.

Aplicações: Tarefas de aprendizagem automática não supervisionadas, como a análise de clusters, em que a determinação do número adequado de clusters é essencial. Determinação de clusters óptimos e redução da dimensionalidade.

Os componentes da metodologia de investigação incluem:

1. **Recolha de dados:**

Foi recolhido um conjunto diversificado de dados sobre o movimento do corpo de participantes idosos, utilizando tecnologia vestível, como acelerómetros e giroscópios. Além disso, o conjunto de dados HARTH70+ está a ser utilizado neste estudo [53]. Estes dados abrangem várias actividades, como andar, sentar e estar de pé. Inicialmente, a síntese da investigação atual e a identificação das lacunas de conhecimento implicam uma análise exaustiva da literatura. Isto ajuda a desenvolver uma compreensão completa dos problemas de saúde que a população sénior enfrenta, bem como das variáveis que para eles contribuem. As Tabelas 4.1, 4.2, 4.3, 4.4, 4.5, 4.6 e 4.7 mostram o conjunto de dados, um conjunto de dados de sensores com registo de data e hora para diferentes movimentos do corpo. Cada linha representa uma hora específica, juntamente com as leituras correspondentes dos sensores para os movimentos das costas e das coxas nas direcções x, y e z, bem como a etiqueta única '1' com 18 linhas, a etiqueta '3' com 19 linhas, a etiqueta '4' com 32 linhas, a etiqueta '5' com 44 linhas, a etiqueta '6' com 16 linhas, a etiqueta '7' com 19 linhas e a etiqueta '8' com 34 linhas, indicando o tipo de movimento. O quadro 4.8 descreve diferentes tipos de atividade para a monitorização da saúde dos idosos.

Tabela N.º: 4.1 Conjunto de dados, um conjunto de dados de sensores com registo de data e hora para diferentes movimentos corporais, com a etiqueta 1- atividade de caminhar

carimbo de data/hora	back_x	costas_y	back_z	coxa_x	coxa_y	coxa_z	etiqueta
07:50.9	-1.16382	-0.021	-0.42725	-1.24658	-0.29126	-0.0166	1
07:50.9	-1.07813	-0.06543	-0.3645	-1.01148	-0.3457	-0.05762	1
07:50.9	-0.97803	-0.01685	-0.37305	-1.02612	-0.28711	-0.07886	1
07:51.0	-0.89673	0.039307	-0.34375	-0.97168	-0.2124	-0.14087	1
07:51.0	-0.854	0.095215	-0.30151	-0.96509	-0.13867	-0.14014	1
07:51.0	-0.81689	0.125732	-0.29028	-1.0061	-0.11011	-0.19946	1
07:51.0	-0.80566	0.140869	-0.27319	-0.96069	-0.05591	-0.27295	1
07:51.0	-0.78711	0.116699	-0.26318	-0.92261	0.007812	-0.34229	1
07:51.1	-0.78223	0.106934	-0.26392	-0.9187	0.015625	-0.37842	1
07:51.1	-0.80737	0.107666	-0.27368	-0.9292	-0.03906	-0.35644	1
07:51.1	-0.84936	0.114502	-0.27637	-0.9624	-0.11133	-0.31812	1
07:51.1	-0.8938	0.135986	-0.26343	-0.96753	-0.13745	-0.31738	1
07:51.1	-0.91577	0.138916	-0.26733	-0.9834	-0.15576	-0.28272	1

07:51.2	-0.92749	0.109375	-0.25781	-0.9729	-0.14478	-0.20483	1
07:51.2	-0.95337	0.081787	-0.25195	-0.95483	-0.12671	-0.13599	1
07:51.2	-0.98047	0.076172	-0.23731	-0.95166	-0.1272	-0.08447	1
07:51.2	-0.98608	0.075928	-0.1958	-0.96558	-0.09888	-0.04883	1
07:51.2	-0.98218	0.086914	-0.18872	-0.9978	-0.04956	-0.04468	1

Tabela N.º: 4.2 Conjunto de dados, um conjunto de dados de sensores com registo de data e hora para diferentes movimentos corporais, com atividade de baralhamento de rótulo 3

carimbo de data/hora	back_x	costas_y	back_z	coxa_x	coxa_y	coxa_z	etiqueta
07:52.3	-1.08057	-0.271	-0.11084	-0.89844	-0.07935	0.183105	3
07:52.3	-1.06348	-0.28882	-0.10693	-0.89648	-0.13306	0.091309	3
07:52.3	-1.03442	-0.27124	-0.12329	-0.9668	-0.24268	-0.02612	3
07:52.3	-1.03198	-0.21045	-0.10669	-1.02417	-0.31958	-0.13037	3
07:52.4	-1.02808	-0.17212	-0.09351	-0.99194	-0.26416	-0.19531	3
07:52.4	-0.98779	-0.17065	-0.08569	-0.94458	-0.08325	-0.23828	3
07:52.4	-0.94873	-0.16943	-0.06616	-0.8894	0.121826	-0.28735	3
07:52.4	-0.90649	-0.18262	-0.05444	-0.83814	0.247559	-0.31958	3
07:52.4	-0.93604	-0.19507	-0.10303	-0.87964	0.190186	-0.43042	3
07:52.5	-0.9624	-0.15259	-0.07251	-0.9895	-0.08667	-0.37476	3
07:52.5	-0.98657	-0.14282	-0.08618	-0.99756	-0.1897	-0.09106	3
07:52.5	-1.0354	-0.11816	-0.08057	-1.0896	0.113037	0.023193	3
07:52.5	-1.06274	-0.0957	-0.08984	-1.11353	0.319092	-0.05664	3
07:52.5	-1.052	-0.09326	-0.09204	-1.0769	0.295166	-0.24365	3
07:52.6	-1.03345	-0.09717	-0.10498	-1.01587	0.114502	-0.15698	3
07:52.6	-1.03247	-0.07178	-0.1228	-0.91333	-0.03833	0.073486	3
07:52.6	-1.01587	-0.02246	-0.12353	-0.93262	-0.09009	0.093506	3
07:52.6	-1.0293	-0.00098	-0.14014	-1.00391	-0.10083	-0.00073	3
07:52.6	-1.03125	0.001221	-0.12647	-1.02344	-0.07959	-0.00952	3

Quadro n.º: 4.3 Conjunto de dados, um conjunto de dados de sensores com registo de data e hora para diferentes movimentos corporais, com a etiqueta 4- atividade de subida de escadas

carimbo de data/hora	back_x	costas_y	back_z	coxa_x	coxa_y	coxa_z	etiqueta
14:23.4	-0.88818	0.203857	-0.67969	-1.3562	0.381104	-0.43579	4
14:23.4	-0.69922	0.182129	-0.62671	-1.19629	0.286865	-0.60303	4
14:23.4	-0.50732	0.124268	-0.56201	-1.0896	0.083252	-0.8794	4

14:23.4	-0.45483	0.090088	-0.53247	-1.28491	-0.06982	-1.31934	4
14:23.5	-0.51099	0.098145	-0.52856	-1.50049	-0.16162	-1.55225	4
14:23.5	-0.63037	0.095459	-0.49463	-1.32788	0.181641	-1.12793	4
14:23.5	-0.72339	0.061279	-0.49536	-1.03638	0.652588	-0.58276	4
14:23.5	-0.71338	0.029541	-0.49951	-1.00195	0.890137	-0.19434	4
14:23.5	-0.70972	0.058105	-0.45776	-1.20703	0.70752	-0.07398	4
14:23.6	-0.78027	0.107422	-0.43799	-1.30811	0.391357	-0.17481	4
14:23.6	-0.79053	0.168213	-0.44263	-1.34546	-0.18823	-0.0127	4
14:23.6	-0.75781	0.179199	-0.44263	-1.2356	-0.16528	-0.15478	4
14:23.6	-0.73511	0.141357	-0.44409	-1.08081	0.213623	-0.30103	4
14:23.6	-0.74829	0.095947	-0.43555	-0.9707	0.257812	-0.302	4
14:23.7	-0.76123	0.064209	-0.42822	-0.92114	0.153564	-0.40747	4
14:23.7	-0.74976	0.041504	-0.41187	-0.83398	0.134766	-0.41113	4
14:23.7	-0.7334	0.02002	-0.39282	-0.72388	0.176025	-0.39844	4
14:23.7	-0.75928	-0.01367	-0.38916	-0.59424	0.260498	-0.32519	4
14:23.7	-0.81128	-0.04785	-0.36719	-0.49292	0.254395	-0.22583	4
14:23.8	-0.87207	-0.07349	-0.36792	-0.42578	0.194092	-0.18897	4
14:23.8	-0.91895	-0.0835	-0.38745	-0.37647	0.082275	-0.17188	4
14:23.8	-0.96069	-0.06397	-0.40332	-0.34351	-0.03149	-0.1875	4
14:23.8	-0.99243	-0.02856	-0.42383	-0.29443	-0.17676	-0.22095	4
14:23.8	-1.00049	0.005615	-0.41894	-0.22974	-0.27124	-0.30591	4
14:23.9	-1.03565	0.032715	-0.41162	-0.18555	-0.31714	-0.45019	4
14:23.9	-1.0918	0.025391	-0.40112	-0.20801	-0.3457	-0.52637	4
14:23.9	-1.11987	0.016357	-0.37524	-0.25562	-0.34644	-0.58398	4
14:23.9	-1.1355	0.02002	-0.45996	-0.26196	-0.34912	-0.60449	4
14:23.9	-1.15308	0.009766	-0.60864	-0.29736	-0.17773	-0.75293	4
14:24.0	-1.08887	-0.01685	-0.62622	-0.85718	0.118652	-1.17627	4
14:24.0	-1.05566	0.008057	-0.57056	-1.95337	-0.00659	-1.57935	4
14:24.0	-1.00635	0.090332	-0.53516	-1.73023	-0.46753	-0.99878	4

Quadro n.º: 4.4 Conjunto de dados, um conjunto de dados de sensores com registo de data e hora para diferentes movimentos corporais, com a etiqueta 5- atividade de descida de escadas

carimbo de data/hora	back_x	costas_y	back_z	coxa_x	coxa_y	coxa_z	etiqueta
53:31.3	-0.98877	0.09399	-0.261	-0.9819	-0.1033	-0.1958	5
53:31.3	-0.96216	0.09375	-0.2769	-0.9919	-0.1152	-0.2156	5
53:31.3	-0.92261	0.09375	-0.2947	-1.009	-0.093	-0.2336	5
53:31.3	-0.94165	0.09375	-0.2971	-1.0159	-0.0681	-0.1516	5

53:31.4	-1.00537	0.09375	-0.2952	-1.0808	0.01245	-0.1121	5
53:31.4	-1.04663	0.09375	-0.3081	-1.1477	0.09741	-0.2217	5
53:31.4	-1.02051	0.09473	-0.3398	-1.1582	0.11646	-0.3235	5
53:31.4	-0.98901	0.08008	-0.3584	-1.1541	0.09351	-0.3831	5
53:31.4	-0.94092	0.06445	-0.3599	-1.1746	0.03516	-0.396	5
53:31.5	-0.90649	0.03345	-0.3445	-1.1394	-0.0315	-0.3743	5
53:31.5	-0.92163	-0.0144	-0.3286	-1.0896	-0.0806	-0.3069	5
53:31.5	-0.92212	-0.0627	-0.2966	-1.0432	-0.1389	-0.1846	5
53:31.5	-1.00293	-0.0942	-0.2971	-0.9836	-0.2356	-0.0552	5
53:31.5	-1.04932	-0.0935	-0.3123	-0.8889	-0.2954	0.07837	5
53:31.6	-1.0603	-0.0945	-0.2949	-0.7991	-0.2747	0.15527	5
53:31.6	-1.01123	-0.1116	-0.28	-0.8418	-0.1636	0.11719	5
53:31.6	-0.99902	-0.1248	-0.2813	-0.8289	-0.1121	-0.0103	5
53:31.6	-0.99658	-0.1065	-0.2813	-0.8127	-0.0479	-0.093	5
53:31.6	-0.96167	-0.0881	-0.2813	-0.7644	0.0979	-0.1101	5
53:31.7	-0.92993	-0.0566	-0.2788	-0.7493	0.22412	-0.1409	5
53:31.7	-0.89746	-0.0454	-0.2637	-0.75	0.25342	-0.1257	5
53:31.7	-0.86816	-0.0437	-0.2656	-0.7498	0.28467	-0.1621	5
53:31.7	-0.85718	-0.0295	-0.2656	-0.7524	0.29541	-0.2085	5
53:31.7	-0.85938	-0.0283	-0.2649	-0.7913	0.25513	-0.2197	5
53:31.8	-0.85864	-0.0095	-0.2686	-0.8567	0.19238	-0.2227	5
53:31.8	-0.86328	0.0022	-0.2891	-0.9004	0.16357	-0.2581	5
53:31.8	-0.8772	-0.0017	-0.2903	-0.9321	0.13159	-0.292	5
53:31.8	-0.875	0.0083	-0.261	-0.9556	0.10083	-0.311	5
53:31.8	-0.875	0.04175	-0.2656	-0.9263	0.06104	-0.2695	5
53:31.9	-0.875	0.04395	-0.2656	-0.8726	-0.0012	-0.2446	5
53:31.9	-0.87354	0.02881	-0.2669	-0.8325	-0.0579	-0.2517	5
53:31.9	-0.88208	0.03125	-0.2598	-0.8218	-0.1311	-0.2808	5
53:31.9	-0.88818	0.03247	-0.2476	-0.8447	-0.1445	-0.3242	5
53:31.9	-0.86792	0.02637	-0.2515	-0.9182	-0.1035	-0.3291	5
53:32.0	-0.85376	0.00659	-0.2417	-0.9382	-0.0444	-0.335	5
53:32.0	-0.82764	-0.0054	-0.2339	-0.8701	-0.0232	-0.3384	5
53:32.0	-0.80469	0	-0.2647	-0.8467	0.02417	-0.3276	5
53:32.0	-0.81811	0.0896	-0.3403	-1.0086	0.16773	-0.3628	5

53:32.0	-0.87476	0.19116	-0.3848	-1.2019	0.40723	-0.4058	5
53:32.1	-0.96143	0.22681	-0.3831	-1.2468	0.45435	-0.4702	5
53:32.1	-1.08301	0.22949	-0.3455	-1.2498	0.20752	-0.4397	5
53:32.1	-1.24316	0.2168	-0.2795	-1.2256	0.00879	-0.0442	5
53:32.1	-1.33838	0.21216	-0.3159	-1.134	-0.0176	0.37988	5
53:32.1	-1.35278	0.24634	-0.3472	-1.2253	-0.0269	0.37012	5

Quadro n.º: 4.5 Conjunto de dados, um conjunto de dados de sensores com registo de data e hora para diferentes movimentos do corpo, com a etiqueta 6 - atividade de pé

carimbo de data/hora	back_x	costas_y	back_z	coxa_x	coxa_y	coxa_z	etiqueta
42:03.8	-0.99902	-0.06348	0.140625	-0.98047	-0.11206	-0.0481	6
42:03.9	-0.98023	-0.07935	0.140625	-0.96118	-0.12158	-0.05176	6
42:03.9	-0.9502	-0.07642	0.140625	-0.94946	-0.08057	-0.06714	6
42:03.9	-0.95483	-0.05908	0.140381	-0.95752	-0.04614	-0.05078	6
42:03.9	-0.97241	-0.04297	0.142822	-0.97705	-0.02368	-0.02661	6
42:03.9	-0.98877	-0.02612	0.157227	-0.98486	-0.04273	-0.03272	6
42:04.0	-1.00195	-0.01611	0.162109	-0.99292	-0.07544	-0.02417	6
42:04.0	-1.00049	-0.0354	0.191406	-0.99634	-0.07275	-0.01343	6
42:04.0	-0.99683	-0.05615	0.1875	-0.97461	-0.0603	-0.01563	6
42:04.0	-0.97803	-0.08325	0.1875	-0.9668	-0.0625	-0.01563	6
42:04.0	-0.96631	-0.07373	0.1875	-0.96875	-0.0603	-0.01758	6
42:04.1	-0.96875	-0.06104	0.1875	-0.96875	-0.07129	-0.00659	6
42:04.1	-0.96875	-0.0564	0.1875	-0.96875	-0.08179	0.003662	6
42:04.1	-0.96875	-0.04956	0.186279	-0.96631	-0.0708	-0.00708	6
42:04.1	-0.96875	-0.0647	0.192871	-0.98096	-0.05103	-0.02905	6
42:04.1	-0.96875	-0.0625	0.205322	-0.9751	-0.04565	-0.02197	6

Quadro n.º: 4.6 Conjunto de dados, um conjunto de dados de sensores com registo de data e hora para diferentes movimentos do corpo, com a etiqueta 7 - atividade sentada

carimbo de data/hora	back_x	costas_y	back_z	coxa_x	coxa_y	coxa_z	etiqueta
45:04.6	-0.79688	-0.125	0.516113	-0.04883	-0.06519	-1.07959	7
45:04.6	-0.79688	-0.125	0.531006	-0.03247	-0.05005	-1.08984	7
45:04.7	-0.79688	-0.125	0.515625	-0.04321	-0.04639	-1.09595	7
45:04.7	-0.79688	-0.125	0.532471	-0.04883	-0.04492	-1.07886	7

45:04.7	-0.79688	-0.125	0.53125	-0.03345	-0.06177	-1.09106	7
45:04.7	-0.79688	-0.12451	0.53125	-0.03101	-0.04883	-1.09375	7
45:04.7	-0.79688	-0.12769	0.531494	-0.03125	-0.04785	-1.09375	7
45:04.8	-0.79688	-0.13916	0.52832	-0.03125	-0.03223	-1.09375	7
45:04.8	-0.79688	-0.12598	0.513428	-0.03125	-0.03027	-1.09375	7
45:04.8	-0.79688	-0.14307	0.514893	-0.03125	-0.04639	-1.09399	7
45:04.8	-0.79688	-0.13672	0.519775	-0.03125	-0.04688	-1.07813	7
45:04.8	-0.79688	-0.12183	0.528564	-0.03101	-0.04712	-1.07837	7
45:04.9	-0.79688	-0.13013	0.517578	-0.03174	-0.06299	-1.09424	7
45:04.9	-0.79688	-0.13818	0.533447	-0.04761	-0.06128	-1.09253	7
45:04.9	-0.79688	-0.12256	0.53125	-0.04541	-0.04565	-1.07813	7
45:04.9	-0.79688	-0.125	0.53125	-0.03174	-0.04688	-1.09497	7
45:04.9	-0.79688	-0.12353	0.53125	-0.04614	-0.04443	-1.09375	7
45:05.0	-0.79688	-0.13208	0.53125	-0.0293	-0.03174	-1.09375	7
45:05.0	-0.79688	-0.13672	0.53125	-0.03125	-0.04834	-1.09375	7

Quadro n.º: 4.7 Conjunto de dados, um conjunto de dados de sensores com registo de data e hora para diferentes movimentos do corpo, com a etiqueta 8 - atividade de mentira

carimbo de data/hora	back_x	costas_y	back_z	coxa_x	coxa_y	coxa_z	etiqueta
49:59.5	-0.29688	-0.10938	0.875	0.015625	-0.03125	-1.09375	8
49:59.5	-0.29688	-0.10938	0.875	0.015625	-0.03125	-1.09375	8
49:59.6	-0.29688	-0.10938	0.875	0.015625	-0.03125	-1.09375	8
49:59.6	-0.29688	-0.10938	0.875	0.015625	-0.03125	-1.09375	8
49:59.6	-0.29688	-0.10938	0.875	0.015625	-0.03125	-1.09375	8
49:59.6	-0.29688	-0.10938	0.875	0.015625	-0.03125	-1.09375	8
49:59.6	-0.29541	-0.10938	0.875	0.015625	-0.03125	-1.09375	8
49:59.7	-0.30371	-0.10938	0.875	0.015625	-0.03125	-1.09375	8
49:59.7	-0.30859	-0.10938	0.875	0.015625	-0.03125	-1.09375	8
49:59.7	-0.29297	-0.10938	0.875	0.015625	-0.03125	-1.09375	8
49:59.7	-0.30322	-0.10938	0.875	0.015625	-0.03125	-1.09375	8
49:59.7	-0.31616	-0.10938	0.875	0.015625	-0.03125	-1.09375	8
49:59.8	-0.30518	-0.10938	0.875	0.015625	-0.03125	-1.09375	8
49:59.8	-0.29468	-0.10938	0.875	0.015625	-0.03125	-1.09375	8

49:59.8	-0.29688	-0.10938	0.875	0.015625	-0.03125	-1.09375	8
49:59.8	-0.29688	-0.10938	0.876953	0.015625	-0.03125	-1.09375	8
49:59.8	-0.29468	-0.10938	0.864746	0.015625	-0.03125	-1.09375	8
49:59.9	-0.30737	-0.10938	0.865967	0.015625	-0.03125	-1.09375	8
49:59.9	-0.30542	-0.10938	0.876465	0.015625	-0.03125	-1.09375	8
49:59.9	-0.29517	-0.10938	0.875	0.015625	-0.03125	-1.09375	8
49:59.9	-0.29688	-0.10938	0.875	0.015625	-0.03125	-1.09375	8
49:59.9	-0.29688	-0.10938	0.875	0.015625	-0.03125	-1.09375	8
50:00.0	-0.29443	-0.10938	0.875	0.015625	-0.03125	-1.09375	8
50:00.0	-0.30689	-0.10938	0.877197	0.015625	-0.03125	-1.09375	8
50:00.0	-0.31592	-0.10938	0.862305	0.015625	-0.03125	-1.09375	8
50:00.0	-0.30176	-0.10938	0.868896	0.015625	-0.03125	-1.09375	8
50:00.0	-0.29565	-0.10938	0.875977	0.015625	-0.03125	-1.0918	8
50:00.1	-0.29688	-0.10938	0.877197	0.015625	-0.03125	-1.07837	8
50:00.1	-0.29688	-0.10938	0.861084	0.015625	-0.03125	-1.09522	8
50:00.1	-0.29468	-0.10938	0.870361	0.015869	-0.03125	-1.09375	8
50:00.1	-0.31079	-0.10938	0.875488	0.012207	-0.03125	-1.09375	8
50:00.1	-0.30054	-0.10938	0.875	0.001221	-0.03125	-1.09375	8
50:00.2	-0.29419	-0.10938	0.875	0.017578	-0.03125	-1.09375	8
50:00.2	-0.31152	-0.10938	0.875	0.015625	-0.03125	-1.09375	8

Quadro 4.8 Explicação de cada etiqueta

Etiqueta	Atividade	Explicação
1	Andar a pé	Indica a atividade de caminhar, em que a pessoa se desloca dando passos.
3	Baralhar	Refere-se a um movimento lento e arrastado, por vezes associado a dificuldade em andar suavemente.
4	Escadas (ascendentes)	Indica a atividade de subir escadas, em que a pessoa se desloca para cima.
5	Escadas (descendentes)	Indica a atividade de descida de escadas, em que a pessoa se desloca para baixo.
6	De pé	Indica a postura de pé, sem qualquer movimento significativo.
7	Sentado	Indica a postura sentada, em que a pessoa é apoiada por uma superfície, como uma cadeira ou um banco.
8	Mentir	Indica a postura deitada, normalmente numa superfície plana, como uma cama ou o chão.

2. **Pré-processamento de dados:**

O pré-processamento de dados é uma etapa crucial na cadeia de análise de dados, em que os dados em bruto são transformados e limpos para os tornar adequados para uma análise posterior. Envolve várias tarefas para melhorar a qualidade e a capacidade de utilização dos dados. Os dados iniciais do sensor foram submetidos a pré-processamento para eliminar o ruído, normalizá-los e segmentá-los em padrões ou sequências com significado. Para preparar os dados para os algoritmos de aprendizagem automática, é necessário limpá-los e transformá-los. Isto pode implicar a eliminação de valores em falta, o tratamento de valores anómalos e a normalização dos dados. Foram utilizadas tecnologias vestíveis, inquéritos auto-relatados, registos médicos e outras fontes de dados sobre a saúde dos idosos. Este conjunto de dados foi depois processado e analisado com recurso a algoritmos de aprendizagem automática. Com a ajuda destes algoritmos, podem ser identificados padrões, correlações e tendências que podem não ser imediatamente perceptíveis a olho nu. Assim, é possível prever com exatidão o estado de saúde de um indivíduo, os riscos potenciais e as intervenções adequadas através da formação de modelos em grandes conjuntos de dados.

Simultaneamente, os registos de saúde foram processados para identificar indicadores de saúde relevantes, como a frequência cardíaca, a frequência respiratória e quaisquer sinais de desconforto ou dor. A Tabela 4.9 descreve a recolha de dados e o método de pré-processamento de dados com a ajuda de um exemplo.

Tabela 4.9 Etapas do pré-processamento de dados

Passos	Descrição
Tratamento de valores em falta	Remoção de pontos de dados em falta do conjunto de dados de movimentos corporais recolhidos a partir de tecnologia vestível, como acelerómetros e giroscópios.
Engenharia de recursos	Caraterísticas extraídas dos dados de movimento do corpo, como a média, a variância e as caraterísticas espectrais, para representar diferentes aspectos dos padrões de movimento
Seleção de caraterísticas	Seleção de caraterísticas relevantes que têm um impacto significativo na classificação do estado de saúde dos idosos com base nos seus movimentos corporais.

Escala de caraterísticas	Dimensionámos as caraterísticas para garantir que todas as caraterísticas contribuíssem de igual modo para os modelos de classificação, evitando o enviesamento para caraterísticas com escalas maiores.

3. Extração de caraterísticas:

As caraterísticas foram extraídas dos dados segmentados, representando diferentes aspectos dos movimentos do corpo, incluindo medidas como a média, a variância e as caraterísticas espectrais. Para otimizar o desempenho do algoritmo, foi efectuada uma seleção cuidadosa das caraterísticas relevantes.

4. Implementação do algoritmo:

Os algoritmos de aprendizagem automática KNN e K-Means foram implementados para construir modelos de previsão. Estes modelos utilizaram as caraterísticas extraídas para classificar o estado de saúde dos idosos com base nos seus movimentos corporais. Os algoritmos de monitorização de doenças crónicas podem monitorizar continuamente biomarcadores e sinais vitais, o que permite identificar e tratar precocemente doenças como a diabetes, a hipertensão e as doenças cardíacas. Ao oferecer intervenções de cuidados de saúde proactivas e individualizadas, os algoritmos de aprendizagem automática têm o potencial de melhorar drasticamente a qualidade de vida e os resultados de saúde dos cidadãos seniores.

5. Seleção e avaliação de modelos:

Selecionar um algoritmo de aprendizagem automática que seja adequado para a tarefa em causa. Há várias etapas envolvidas na escolha da secção correta do modelo num algoritmo de aprendizagem automática para processar dados relacionados com a saúde dos idosos. Neste processo, podem ser utilizados métodos de pré-processamento de dados, incluindo a seleção de caraterísticas, a normalização e a imputação de valores em falta.

Em seguida, um algoritmo de aprendizagem automática, como uma árvore de decisão, uma floresta aleatória ou um SVM, é alimentado para escolher caraterísticas para treinar o modelo. O algoritmo aprende a mapear as caraterísticas de entrada para o resultado pretendido durante o treino. Para avaliar o desempenho do modelo, são utilizadas métricas como a exatidão, a precisão, a recuperação e a pontuação F1. Os algoritmos foram avaliados com recurso a várias métricas de desempenho, como a exatidão, a precisão, a recuperação e a pontuação F1, para medir a sua eficácia na classificação do estado de saúde.

6. Manutenção do modelo:

Monitorizar o desempenho do modelo implementado e fazer actualizações quando necessário para melhorar a precisão e enfrentar novos desafios. Isto pode implicar a recolha de novos dados, a reciclagem do modelo e a avaliação do seu bom funcionamento. Além disso, ao identificar variações mínimas nos sinais vitais, como a tensão arterial, o ritmo cardíaco e os padrões de sono, a aprendizagem automática pode ajudar a monitorizar o estado geral de saúde e o bem-estar dos idosos e notificar os profissionais de saúde de possíveis problemas de saúde antes que estes se agravem. Em conclusão, a aprendizagem automática tem o poder de transformar completamente a forma como a manutenção da saúde dos idosos é abordada, permitindo intervenções mais precisas, atempadas e personalizadas, o que acaba por melhorar a qualidade de vida e reduzir os custos dos cuidados de saúde para a população idosa.

7. Comparação e análise:

Foi efectuada uma análise comparativa exaustiva para determinar qual dos algoritmos, KNN ou K-Means, fornecia resultados de monitorização da saúde mais precisos e fiáveis para os idosos. O KNN é um algoritmo de aprendizagem supervisionada que utiliza a semelhança de um novo ponto de dados com um conjunto de pontos de dados conhecidos para prever o resultado desse novo ponto. No que diz respeito à saúde dos idosos, o KNN pode ser utilizado para prever o risco de uma pessoa desenvolver condições específicas, como quedas ou declínio cognitivo, com base no seu estilo de vida, historial médico e outras variáveis. O K-Means, por outro lado, é um algoritmo de aprendizagem não supervisionada que agrupa pontos de dados de acordo com a sua semelhança. O K-Means pode ser utilizado para identificar subgrupos de idosos com perfis de saúde semelhantes, como os que têm diabetes ou tensão arterial elevada, no contexto da saúde dos idosos. Isto pode ajudar os prestadores de cuidados de saúde a personalizar as suas intervenções e tratamentos de acordo com as necessidades específicas de cada grupo.

8. Considerações éticas:

Para manter os padrões éticos, foi obtido o consentimento informado de todos os participantes e foi dada prioridade à privacidade e segurança dos dados ao longo dos processos de recolha e análise de dados. A consideração ética refere-se aos princípios e diretrizes que regem a condução da investigação que envolve participantes humanos ou outros sujeitos. Estas considerações são essenciais para proteger os direitos, o bem-estar e a dignidade dos indivíduos.

Tabela 4.10 Descrição do conjunto de dados

Caraterística	Descrição	Tipo de dados	Valores em falta	Valor 1	Valor 2	Valor 3	Valor 4
carimbo de data/hora	Carimbo de data/hora da amostra de dados	data Hora	Nenhum	2021-03-24 14:42:03.839	2021-03-24 14:42:03.859	2021-03-24 14:42:03.880	2021-03-24 14:42:03.900
back_x	Aceleração do eixo X do dorso	flutuar	Nenhum	-0.999023	-0.980225	-0.950195	-0.950195
costas_y	Aceleração do eixo Y do dorso	flutuar	Nenhum	-0.063476	-0.079346	-0.076416	-0.059082
back_z	Aceleração do eixo Z do dorso	flutuar	Nenhum	0.140625	0.140625	0.140625	0.140381
coxa_x	Aceleração do eixo X da coxa	flutuar	Nenhum	-0.980469	-0.961182	-0.949463	-0.95752
coxa_y	Aceleração do eixo Y da coxa	flutuar	Nenhum	-0.112061	-0.121582	-0.080566	-0.046143
coxa_z	Aceleração do eixo Z da coxa	flutuar	Nenhum	-0.048096	-0.051758	-0.067139	-0.050781
Etiqueta	Etiqueta de atividade	int	Nenhum	6	6	6	6

4.2 Modelo de investigação

O modelo de investigação refere-se ao quadro ou estrutura que orienta a análise da investigação. Delineia a estrutura do estudo, incluindo a sua base teórica, as questões de investigação ou variáveis, a metodologia e os resultados previstos. Neste contexto, refere-se à saúde e ao bem-estar dos idosos. O Modelo de Investigação é utilizado para concetualizar, conceber e implementar estudos que se centram na compreensão dos desafios enfrentados pelas populações idosas.

O modelo começa normalmente com um quadro concetual, que estabelece os conceitos relevantes para a saúde dos idosos, tais como as teorias do envelhecimento ou os modelos de prestação de cuidados de saúde aos idosos. Este quadro informa a formulação da investigação que orienta as metas e os objectivos do documento.

Seguem-se as etapas utilizadas no modelo.

Etapa 1 Fonte de dados:

A investigação começa por identificar as fontes de dados relevantes para a saúde dos idosos, que podem incluir registos de saúde, inquéritos e dados de sensores de dispositivos portáteis. Estas fontes fornecem a ideia para compreender as tendências de saúde, os factores de risco e os padrões de cuidados de saúde entre as populações idosas.

Passo 2 Ler dados:

Uma vez identificadas as fontes de dados, o passo seguinte é aceder aos dados a partir dessas fontes. Isto pode envolver a extração de dados de bases de dados e o acesso a conjuntos de dados. Os dados brutos incluem normalmente informações sobre a população idosa.

Etapa 3 Limpeza de dados:

Os dados em bruto contêm frequentemente erros e valores em falta que têm de ser tratados antes da análise. A limpeza de dados envolve processos como a remoção de valores duplicados, a alteração de valores em falta, a correção de erros e a identificação de erros. Isto garante a qualidade e a integridade dos dados para uma melhor análise.

Etapa 4 Preparação dos dados:

Após a conclusão do processo de limpeza de dados, o conjunto de dados limpo é preparado para análise. Este conjunto de dados contém valores exactos que estão prontos para análise e interpretação. Os dados limpos são ainda utilizados para explorar as questões de investigação e obter ideias significativas relacionadas com a saúde dos idosos.

Etapa 5 Análise de dados:

Os dados limpos são posteriormente analisados utilizando métodos e técnicas adequados. Isto pode envolver algoritmos de aprendizagem automática, como KNN e K-Means para a população idosa, para prever resultados de saúde ou identificar factores de risco.

Etapa 6 Resultado da análise:

Os resultados da análise dos dados são interpretados no contexto dos objectivos da investigação. Isto implica identificar padrões ou tendências nos dados e tirar conclusões sobre os factores que influenciam os resultados da saúde dos idosos.

Passo 7 Dados de saída:

Finalmente, os dados de saída são compilados e apresentados no documento de investigação. Estes resultados são a prova dos resultados do estudo que são utilizados para o bem-estar da população idosa

A figura 4.1 descreve o modelo utilizado para a deteção de problemas na população idosa

Figura 4.1 Descrição do modelo (criado pelo próprio)

Capítulo 5
RESULTADOS E DISCUSSÃO

Na investigação apresentada, a eficácia de dois algoritmos, nomeadamente o K-Nearest Neighbors (KNN) e o K-Means, foi investigada no contexto da monitorização da saúde dos idosos através dos movimentos do corpo. Através de experimentação e análise, o desempenho destes algoritmos foi avaliado com base em várias métricas-chave, incluindo a pontuação de precisão, a pontuação F1 e o valor de recuperação. Com base nos movimentos corporais, a investigação mostra que o algoritmo KNN tem um bom desempenho na categorização e acompanhamento exactos da saúde dos idosos. A pontuação de exatidão obtida a partir de experiências indica uma elevada precisão na previsão de resultados relacionados com a saúde. Além disso, as pontuações F1 realçam o desempenho equilibrado destes algoritmos em termos de precisão e de recuperação.

Além disso, a investigação incorpora representações visuais, como gráficos de barras e gráficos de pizza, para explicar melhor a análise comparativa destes algoritmos. Estas ajudas visuais oferecem representações informativas do desempenho dos algoritmos em vários parâmetros, facilitando a compreensão da sua eficácia em aplicações que monitorizam a saúde dos idosos. De um modo geral, os resultados sublinham o potencial dos algoritmos KNN e K-Means como ferramentas viáveis para a monitorização em tempo real da saúde dos idosos através dos movimentos corporais, oferecendo informações valiosas para o desenvolvimento de futuras tecnologias e intervenções de cuidados de saúde.

5.1 Resultados

A Figura 5.1 ilustra a pontuação calculada pelo K-Means. As Figuras 5.2 e 5.3 descrevem o gráfico de pizza e o gráfico de barras para o algoritmo de agrupamento K-Means. Um gráfico de pizza é um gráfico estatístico circular que é dividido em fatias para ilustrar proporções numéricas. Cada fatia representa uma parte proporcional do todo, e o tamanho de cada fatia é proporcional à quantidade que representa, enquanto um gráfico de barras é uma representação gráfica de dados categóricos sob a forma de barras rectangulares, em que o comprimento ou a altura de cada barra corresponde ao valor que representa. As barras podem ser dispostas na horizontal ou na vertical, consoante a preferência e a legibilidade dos dados. Os gráficos de pizza são utilizados para mostrar a composição proporcional de um todo, enquanto os gráficos de barras são mais adequados para comparar valores entre diferentes categorias ou acompanhar alterações ao longo do tempo.

Figura 5.1 Pontuação calculada pelo algoritmo de agrupamento K-means (auto-gerado)

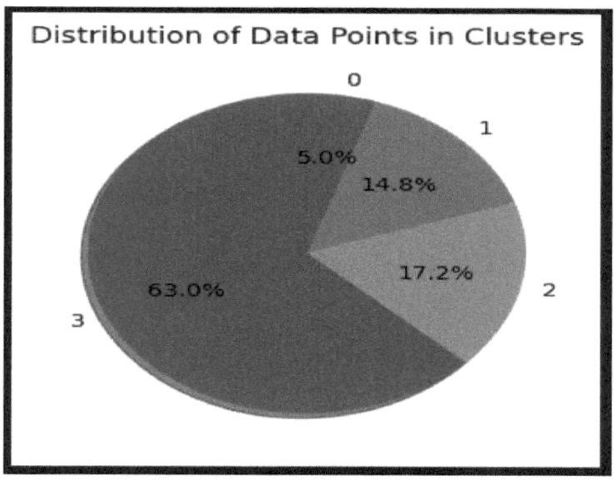

Figura 5.2 Gráfico de pizza do algoritmo de agrupamento K-means

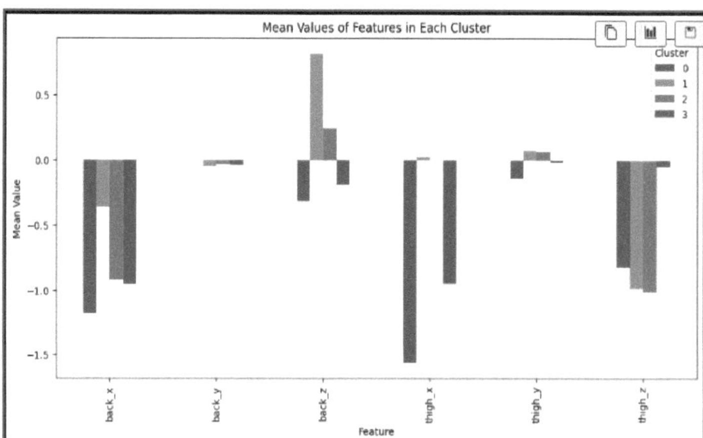

Figura 5.3 Gráfico de barras do algoritmo de agrupamento K-means (gerado pelo próprio)

As figuras 5.4 e 5.5 descrevem a pontuação Recall do algoritmo KNN e a Exatidão calculada pelo KNN. A Figura 5.6 mostra o relatório de classificação do algoritmo KNN.

A Tabela 5.1 ilustra o relatório de classificação do algoritmo KNN.

```
[72] recall_score(y_test,y_pred,average=None)

array([0.57663451, 0.45847176, 0.72075055, 0.58103638, 0.81963714,
       0.99887133, 0.99561404])
```

Figura 5.4 Pontuação de recuperação do algoritmo KNN (auto-gerado)

```
accuracy_score(y_test, y_pred)

0.9651190476190477
```

Figura 5.5 Exatidão calculada pelo algoritmo KNN (auto-gerado)

```
print(classification_report(y_test,y_pred))

              precision    recall  f1-score   support

           1       0.54      0.58      0.56       933
           3       0.49      0.46      0.48       903
           4       0.74      0.72      0.73       906
           5       0.68      0.58      0.63       907
           6       0.71      0.82      0.76       937
           7       0.99      1.00      1.00       886
           8       1.00      1.00      1.00       912

    accuracy                           0.96      6384
   macro avg       0.74      0.74      0.73      6384
weighted avg       0.73      0.74      0.73      6384
```

Fig. 5.6 Relatório de classificação do algoritmo KNN (auto-gerado)

Tabela 5.1 Relatório de classificação do KNN

etiqueta	Precisão	Recall	pontuação f1
1	0.62	0.55	0.58
3	0.51	0.51	0.51
4	0.71	0.72	0.72
5	0.71	0.62	0.66
6	0.67	0.84	0.75
7	0.99	1	0.99
8	1	1	1

As Figuras 5.7 e 5.8 mostram o gráfico de tartes e o gráfico de barras do algoritmo KNN, respetivamente. O gráfico de pizza é um gráfico circular que é dividido em fatias para ilustrar proporções numéricas. Cada fatia do gráfico de pizza representa tipicamente uma categoria diferente, e a pizza inteira representa 100% dos dados. Por outro lado, um gráfico de barras é uma representação gráfica de dados que utiliza barras rectangulares para representar diferentes categorias ou grupos.

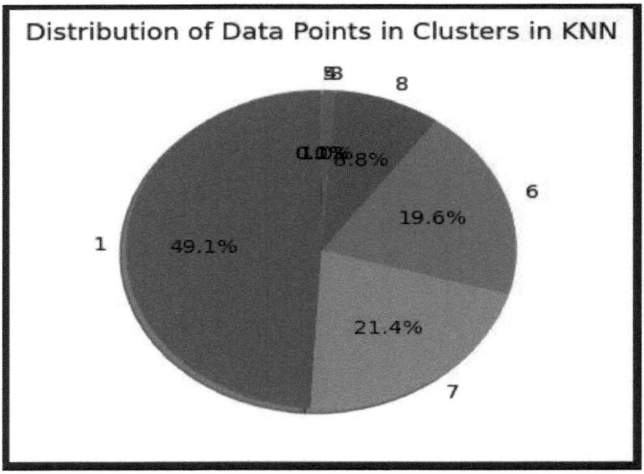

Fig.5.7 Gráfico de pizza do algoritmo K-NN (auto-gerado)

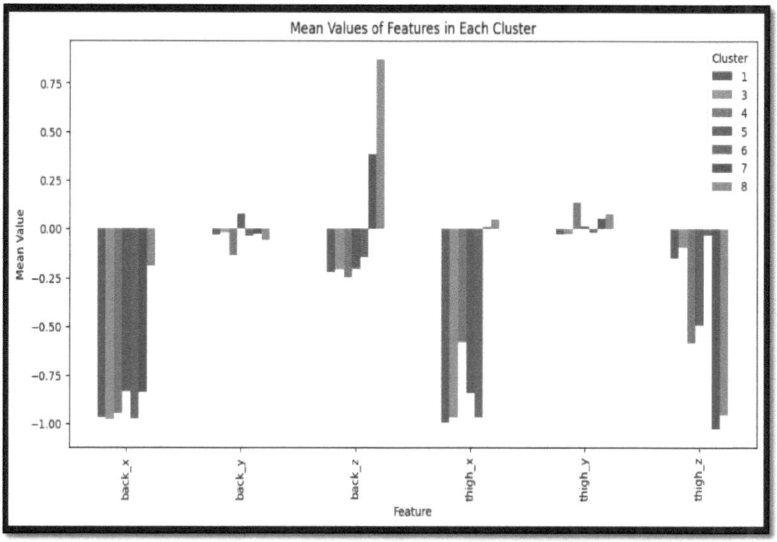

Figura 5.8 Gráfico de barras do algoritmo KNN (gerado pelo próprio)

As tabelas 5.2, 5.3 e 5.4 ilustram o classificador KNN, o agrupamento K-Means e a comparação entre os dois algoritmos. O K-Means é um algoritmo eficiente utilizado para agrupar grandes conjuntos de dados e o KNN é um algoritmo versátil adequado para várias tarefas de classificação.

Tabela 5.2 Classificador KNN

Parâmetros de desempenho	**Classificador KNN**
Técnica de aprendizagem	É uma técnica de Aprendizagem Supervisionada.
Algoritmo utilizado	É utilizado principalmente para classificação e regressão.
Significado de K em Algoritmo	K no KNN é o número de vizinhos mais próximos utilizados para classificar uma amostra de teste
N.º de vizinhos (K)	10
Pontuação	0.97

Tabela 5.3 Agrupamento K-Means

Parâmetros de desempenho	Classificador K-Means
Técnica de aprendizagem	É uma técnica de aprendizagem não supervisionada.
Algoritmo utilizado	Agrupamento K-Means
Significado de K em Algoritmo	K em K-Means é o número de clusters que o algoritmo está a tentar aprender com os dados.
N.º de clusters	2
Pontuação	0.9414

Tabela 5.4 Comparação entre o algoritmo de agrupamento KNN e K-Means

Parâmetro de desempenho	Classificador KNN	AGRUPAMENTO K-MEANS
Técnica de aprendizagem	É uma técnica de Aprendizagem Supervisionada.	É uma técnica de aprendizagem não supervisionada.
Algoritmo utilizado	É utilizado principalmente para classificação e regressão.	É utilizado para Clustering.
Significado de K em Algoritmos	K no KNN é o número de vizinhos mais próximos utilizados para classificar uma amostra de teste.	K no K-Means é o número de clusters que o algoritmo está a tentar aprender com os dados.
Número de clusters e vizinhos utilizados	n_vizinhos=10	n_clusters=2
Pontuação	0.97	0.9414

Avaliação de algoritmos:

Os algoritmos abordados na secção anterior são todos avaliados utilizando métricas como a pontuação F1, a exatidão, a precisão e a recuperação. A medição da matriz de confusão é utilizada para estas medidas. A precisão, a recuperação, a medida F, a sensibilidade, a especificidade e a exatidão são as métricas de desempenho utilizadas para avaliar os resultados da categorização. Os valores das classes atribuídas como verdadeiros positivos (TP), falsos positivos (FP), verdadeiros negativos (TN) e falsos negativos (FN) em dados empíricos são utilizados para calcular estas métricas. Tal como noutros estudos, este documento utiliza a sensibilidade, a especificidade, a exatidão, a precisão, a recordação e a pontuação F1 como métricas de avaliação do modelo.

Seguem-se os parâmetros de cálculo.

Verdadeiros positivos (TP) - Estes são os valores positivos corretamente previstos, o que significa que o valor da classe real é sim e o valor da classe prevista também é sim.

Verdadeiros negativos (TN) - Estes são os valores negativos corretamente previstos, o que significa que o valor da classe real é não e o valor da classe prevista também é não.

Falsos positivos (FP) - Quando a classe real é não e a classe prevista é sim.

Falsos negativos (FN) - Quando a classe real é sim, mas a classe prevista é não.

Matriz de confusão:

A matriz de confusão é uma ferramenta para analisar a capacidade do classificador para reconhecer tuplas de diferentes classes. A Figura 5.9 descreve os elementos da matriz de confusão.

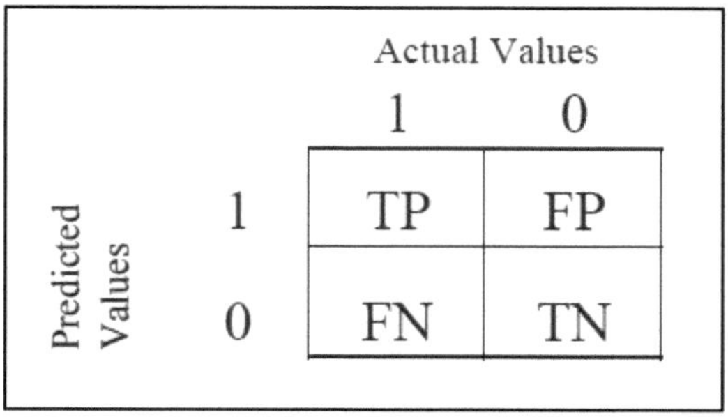

Figura 5.9 Matriz de confusão (criada pelo próprio)

O quadro 5.5 apresenta os elementos da matriz de confusão.

Tabela 5.5 Matriz de confusão

Real / Previsto	Positivo (Sim)	Negativo (Não)
Positivo(Sim)	Verdadeiro positivo (TP)	Falso positivo (FP)
Negativo(Não)	Falso negativo (FN)	Verdadeiro negativo (TN)

Exatidão: A exatidão de qualquer algoritmo de classificação é medida pela proporção de tuplas do conjunto de teste que o modelo classifica corretamente.

Precisão = ((TP + TN)) / ((TP + TN + FP + FN))

TP = Verdadeiro Positivo,

TN = Verdadeiro Negativo,

FP = Falso positivo,

FN = Falso Negativo

Precisão: A precisão refere-se à exatidão de um algoritmo. É a proporção de tuplas positivas corretamente identificadas que são positivas.

Precisão = TP/ (TP + FP)

TP = Verdadeiro Positivo,

FP = Falso positivo

Recordação: O teste de exaustividade é a recuperação. É a proporção de tuplas com rótulos positivos pelo classificador.

Recuperação = TP/ (TP + FN)

TP = Verdadeiro Positivo,

FN = Falso Negativo

As Tabelas 5.6 e 5.7 demonstram a avaliação do cálculo das Métricas e o seu exemplo

Tabela N.º: 5.6 Cálculo das métricas de avaliação

Métrica	Fórmula
Exatidão	((TP + TN)) / ((TP + TN + FP + FN))
Precisão	TP/ (TP + FP)
Recall	TP/ (TP + FN)

Tabela 5.7 Exemplo de cálculo

Exemplo	Fórmula	Valor
TP	-	100
TN	-	50
PF	-	10

FN	-	5
Exatidão	((TP + TN)) / ((TP + TN + FP + FN))	0.913
Precisão	TP/ (TP + FP)	0.909
Recall	TP/ (TP + FN)	0.952

Capítulo 6
CONCLUSÃO E ÂMBITO FUTURO

Em conclusão, os resultados destacam a utilidade de diferentes técnicas de aprendizagem automática para a monitorização da saúde dos idosos através de movimentos corporais, incluindo. O modelo KNN supervisionado foi desenvolvido com Python e Google Colab, utilizando bibliotecas como Scikit-learn, Scapy, TensorFlow, Pandas, Kneed e Matplotlib. As suas fortes capacidades de classificação foram comprovadas pelos seus notáveis resultados de precisão de 0,97. Por outro lado, o método não supervisionado K-means, que também foi empregue com ferramentas e bibliotecas comparáveis, demonstrou uma pontuação de silhueta de 0,941, indicando um nível moderado de qualidade de agrupamento definido pela proximidade relativamente estreita dos pontos de dados dentro dos agrupamentos. Esta investigação tem importância para uma variedade de domínios que necessitam de identificação de padrões e organização de dados, demonstrando a adaptabilidade e a força das técnicas de aprendizagem automática na abordagem de uma vasta gama de tarefas de análise de dados.

6.1 Conclusão

Ao comparar o desempenho do KNN e do K-Means no contexto da monitorização da saúde dos idosos, o objetivo é identificar qual o algoritmo mais adequado para esta aplicação específica. Esta análise ajudou os profissionais de saúde e os investigadores a tomar decisões informadas sobre a escolha de algoritmos de aprendizagem automática para a monitorização da saúde dos idosos.

A análise comparativa sublinha a força exacta do KNN e do K-Means no domínio da monitorização da saúde dos idosos através dos movimentos do corpo. Os resultados afirmam que a escolha entre estes algoritmos depende da natureza específica da aplicação. O KNN prospera em cenários supervisionados com dados rotulados, enquanto o K-Means se destaca em contextos exploratórios não supervisionados. Estes resultados fornecem uma base sólida para o avanço das estratégias de cuidados de saúde personalizados para os idosos. As futuras vias de investigação incluem a exploração de arquitecturas avançadas de aprendizagem profunda, o enriquecimento de conjuntos de dados e a validação de resultados com dados clínicos do mundo real para aperfeiçoar e ampliar o impacto destes algoritmos nos cuidados geriátricos. Os resultados estabelecem uma base sólida para o avanço das estratégias de cuidados de saúde personalizados adaptados aos idosos. As seguintes vias de investigação futura apresentam oportunidades para aperfeiçoar e ampliar o impacto dos algoritmos de aprendizagem automática nos cuidados geriátricos:

Exploração de arquitecturas avançadas de aprendizagem profunda: Investigar e implementar arquitecturas avançadas de aprendizagem profunda para melhorar as capacidades preditivas dos algoritmos, promovendo uma compreensão mais matizada dos padrões de saúde.

Enriquecer os conjuntos de dados para uma análise exaustiva: Aumentar os conjuntos de dados com diversos padrões de movimento e abranger uma gama mais ampla de parâmetros de saúde para garantir a adaptabilidade e a eficácia dos algoritmos em cenários variados.

Validação com dados clínicos do mundo real: Validar os resultados algorítmicos utilizando dados clínicos do mundo real para colmatar a lacuna entre o desempenho algorítmico em ambientes controlados e as realidades complexas dos contextos de cuidados de saúde.

6.2 Âmbito futuro

A eficácia dos algoritmos de agrupamento K-Nearest Neighbour (KNN) e K-Means foi investigada no contexto da monitorização da saúde dos idosos através da análise do movimento corporal. Esta análise ajudou os profissionais de saúde e os investigadores a tomar decisões informadas sobre a escolha de algoritmos de aprendizagem automática para a monitorização da saúde dos idosos. Esta investigação envolveu a melhoria do desempenho algorítmico através de arquitecturas avançadas de aprendizagem profunda, o enriquecimento do conjunto de dados com diversos padrões de movimento e a validação dos resultados utilizando dados clínicos do mundo real para garantir resultados robustos e fiáveis para aplicações de cuidados a idosos.

REFERÊNCIAS

[1] A. Y. Alaoui, S. El Fkihi e R. O. H. Thami, "Deteção de quedas para idosos usando a variação de pontos-chave do esqueleto humano", *IEEE Access*, vol. 7, pp. 154786-154795, 2019, doi: 10.1109/ACCESS.2019.2946522.

[2] F. D. I. Ingegneria, "Técnicas de processamento de dados para a monitorização do bem-estar e da saúde de pessoas idosas com deficiência cognitiva ligeira", 2022.

[3] A. Ustad *et al.*, "Validation of an Activity Type Recognition Model Classifying Daily Physical Behavior in Older Adults: The HAR70+ Model", *Sensors*, vol. 23, no. 5, 2023, doi: 10.3390/s23052368.

[4] A. El Kaid, K. Baïna, J. Baïna e V. Barra, "Estudo de caso do mundo real de um sistema de deteção de vídeo de quedas de pessoas idosas com aprendizagem profunda", 2023. doi: 10.5220/0011674800003417.

[5] R. T. Olender, S. Roy, e P. S. Nishtala, "Application of machine learning approaches in predicting clinical outcomes in older adults - a systematic review and meta-analysis," *BMC Geriatr.*, vol. 23, no. 1, pp. 1-17, Dec. 2023, doi: 10.1186/S12877-023-04246-W/FIGURES/5.

[6] J. R. Beard *et al.*, "The World report on ageing and health: A policy framework for healthy ageing," *Lancet*, vol. 387, no. 10033, pp. 2145-2154, maio de 2016, doi: 10.1016/S0140-6736(15)00516-4.

[7] S. Uddin, I. Haque, H. Lu, M. A. Moni, and E. Gide, "Comparative performance analysis of K-nearest neighbour (KNN) algorithm and its different variants for disease prediction," *Sci. Rep.*, vol. 12, no. 1, 2022, doi: 10.1038/s41598-022-10358-x.

[8] S. Usmani, A. Saboor, M. Haris, M. A. Khan e H. Park, "Latest research trends in fall detection and prevention using machine learning: A systematic review," *Sensors*, vol. 21, no. 15, pp. 1-23, 2021, doi: 10.3390/s21155134.

[9] "Visualização KNN em apenas 13 linhas de código | por Deepthi A R | Towards Data Science". Acessado: 23 de novembro de 2023. [Online]. Disponível: https://towardsdatascience.com/knn-visualization-in-just-13-lines-of-code-32820d72c6b6

[10] "Introdução ao k-Means Clustering com scikit-learn em Python | DataCamp". Acedido: 14 de dezembro de 2023. [Online]. Disponível: https://www.datacamp.com/tutorial/k-means-clustering-python

[11] J. Yu, S. Park, H. Lee, C. S. Pyo e Y. S. Lee, "Um sistema de monitorização da saúde

dos idosos utilizando técnicas de aprendizagem automática e de análise aprofundada na escala de AVC NIH", *Mathematics*, vol. 8, n.º 7, pp. 1-17, 2020, doi: 10.3390/math8071115.

[12] Y. Gao, "K-Means Algorithm to Identify the Elderly Psychological Stress Analysis Algorithm," *Adv. Multimed.*, vol. 2022, pp. 1-11, 2022, doi: 10.1155/2022/9993589.

[13] M. N. Injadat, A. Moubayed, A. B. Nassif, e A. Shami, "Machine learning towards intelligent systems: applications, challenges, and opportunities," *Artif. Intell. Rev.*, vol. 54, no. 5, pp. 3299-3348, Jun. 2021, doi: 10.1007/S10462-020-09948-W/METRICS.

[14] "An-illustration-of-the-position-of-machine-learning-ML-and-deep-Learning-DL-within.png (850×415)." Acedido: Apr. 26, 2024. [Online]. Disponível: https://www.researchgate.net/publication/358518962/figure/fig2/AS:11431281091621330@1666580598539/An-illustration-of-the-position-of-machine-learning-ML-and-deep-Learning-DL-within.png

[15] "cfa-level-2-classification-vs-clustering-768x278.png (768×278)." Acedido: Apr. 26, 2024. [Online]. Disponível: https://cdn.analystprep.com/study-notes/wp-content/uploads/2021/03/31181809/cfa-level-2-classification-vs-clustering-768x278.png

[16] "supervised-machine-learning.png (600×300)". Acedido: Apr. 26, 2024. [Online]. Disponível: https://static.javatpoint.com/tutorial/machine-learning/images/supervised-machine-learning.png

[17] D. A. Adeniyi, Z. Wei e Y. Yongquan, "Sistema automatizado de mineração e recomendação de dados de uso da web usando o método de classificação K-Nearest Neighbor (KNN)", *Appl. Comput. Informatics*, vol. 12, no. 1, pp. 90-108, Jan. 2016, doi: 10.1016/J.ACI.2014.10.001.

[18] "202961_56MmutHmr4WzDJrufP8kug.png (727×582)." Acedido: 26 de abril de 2024. [Online]. Disponível: https://editor.analyticsvidhya.com/uploads/202961_56MmutHmr4WzDJrufP8kug.png

[19] "Unsupervised-Learning-ML-Article-800x400.png (800×400)." Acedido: Apr. 26, 2024. [Online]. Disponível: https://www.cybiant.com/wp-content/uploads/2019/12/Unsupervised-Learning-ML-Article-800x400.png

[20] T. Kanungo, D. M. Mount, N. S. Netanyahu, C. D. Piatko, R. Silverman e A. Y. Wu, "An efficient k-means clustering algorithms: Analysis and implementation," *IEEE Trans. Pattern Anal. Mach. Intell.*, vol. 24, no. 7, pp. 881-892, Jul. 2002, doi:

10.1109/TPAMI.2002.1017616.

[21] "1*tWaaZX75oumVwBMcKN-eHA.png (1080×457)." Acedido: 26 de abril de 2024. [Online]. Disponível: https://miro.medium.com/v2/resize:fit:2160/1*tWaaZX75oumVwBMcKN-eHA.png

[22] A. Peimankar, T. S. Winther, A. Ebrahimi, and U. K. Wiil, "A Machine Learning Approach for Walking Classification in Elderly People with Gait Disorders," *Sensors*, vol. 23, no. 2, 2023, doi: 10.3390/s23020679.

[23] A. Hayat, M. D. Fernando, B. P. Bhuyan e R. Tomar, "Human Activity Recognition for Elderly People Using Machine and Deep Learning Approaches", *Inf.*, vol. 13, n.º 6, 2022, doi: 10.3390/info13060275.

[24] Z. A. Shahraki e M. A. Nafchi, "Preventing the Elderly with Diabetes from the Risk of Falling using a Multilayer Perception Classifier," in *2023 9th International Conference on Web Research, ICWR 2023*, 2023, pp. 58-62. doi: 10.1109/ICWR57742.2023.10139274.

[25] U. Saxena, S. Moulik, S. R. Nayak, T. Hanne, e D. Sinha Roy, "Ensemble-Based Machine Learning for Predicting Sudden Human Fall Using Health Data," *Math. Probl. Eng.*, vol. 2021, 2021, doi: 10.1155/2021/8608630.

[26] A. Babu, S. Ranpariya, D. K. Sinha, e D. Mandal, "Deep Learning Enabled Perceptive Wearable Sensor: An Interactive Gadget for Tracking Movement Disorder", *Adv. Mater. Technol.*, vol. 8, no. 14, 2023, doi: 10.1002/admt.202300046.

[27] L. E. Ekemeyong Awong e T. Zielinska, "Comparative Analysis of the Clustering Quality in Self-Organizing Maps for Human Posture Classification," *Sensors*, vol. 23, no. 18, 2023, doi: 10.3390/s23187925.

[28] D. K. Agrawal, W. Usaha, S. Pojprapai, e P. Wattanapan, "Fall Risk Prediction Using Wireless Sensor Insoles With Machine Learning," *IEEE Access*, vol. 11, 2023, doi: 10.1109/ACCESS.2023.3252886.

[29] D. Kreuzberger, N. Kuhl e S. Hirschl, "Operações de aprendizagem automática (MLOps): Overview, Definition, and Architecture", *IEEE Access*, vol. 11, 2023, doi: 10.1109/ACCESS.2023.3262138.

[30] A. A. M. Jamel e B. Akay, "Human activity recognition based on parallel approximation kernel K-means algorithm", *Comput. Syst. Sci. Eng.*, vol. 35, no. 6, 2020, doi: 10.32604/CSSE.2020.35.441.

[31] S. A. EL-Rahman, A. Saleh Alluhaidan, R. A. AlRashed e D. N. AlZunaytan, "Sistema

de monitorização e diagnóstico de doenças crónicas baseado na seleção de caraterísticas e em modelos preditivos de aprendizagem automática", *Soft Comput.*, vol. 26, n.º 13, 2022, doi: 10.1007/s00500-022-07130-8.

[32] X. Li, J. Zhang e F. Safara, "Improving the Accuracy of Diabetes Diagnosis Applications through a Hybrid Feature Selection Algorithm", *Neural Process. Lett.*, vol. 55, no. 1, 2023, doi: 10.1007/s11063-021-10491-0.

[33] Y. A. Choi *et al.*, "Machine-learning-based elderly stroke monitoring system using electroencephalography vital signals," *Appl. Sci.*, vol. 11, no. 4, 2021, doi: 10.3390/app11041761.

[34] P. Kumar e S. Chauhan, "RETRACTED ARTICLE: Human activity recognition with deep learning: overview, challenges and possibilities", *CCF Trans. Pervasive Comput. Interact.*, vol. 3, no. 3, p. 339, 2021, doi: 10.1007/s42486-021-00063-5.

[35] Y. Shao, X. Wang, W. Song, S. Ilyas, H. Guo, e W. S. Chang, "Feasibility of using floor vibration to detect human falls," *Int. J. Environ. Res. Public Health*, vol. 18, no. 1, 2021, doi: 10.3390/ijerph18010200.

[36] A. R. Rababaah, "Estudo comparativo da aprendizagem automática para a classificação da postura humana utilizando sensores portáteis", *Int. J. Comput. Sci. Math.*, vol. 18, no. 1, 2023, doi: 10.1504/ijcsm.2023.10059128.

[37] M. U. Sarwar, L. F. Gillani, A. Almadhor, M. Shakya, e U. Tariq, "Improving Recognition of Overlapping Activities with Less Interclass Variations in Smart Homes through Clustering-Based Classification," *Comput. Intell. Neurosci.*, vol. 2022, 2022, doi: 10.1155/2022/8303856.

[38] K. A. Alaghbari, M. H. Mohamad, A. Hussain, e M. R. Alam, "Activities Recognition, Anomaly Detection and Next Activity Prediction Based on Neural Networks in Smart Homes," *IEEE Access*, vol. 10, pp. 28219-28232, 2022, doi: 10.1109/ACCESS.2022.3157726.

[39] Q. Pan, D. Brulin e E. Campo, *Análise do movimento do pulso para monitorização do sono doméstico a longo prazo*, vol. 187. 2022. doi: 10.1016/j.eswa.2021.115952.

[40] G. Mirzaei and H. Adeli, "Machine learning techniques for diagnosis of alzheimer disease, mild cognitive disorder, and other types of dementia," *Biomed. Signal Process. Control*, vol. 72, p. 103293, Fev. 2022, doi: 10.1016/J.BSPC.2021.103293.

[41] R. L. Priya and S. Vinila Jinny, "Elderly Healthcare System for Chronic Ailments using Machine Learning Techniques - a Review," *Iraqi J. Sci.*, vol. 62, no. 9, pp. 3138-3151,

Sep. 2021, doi: 10.24996/IJS.2021.62.9.29.

[42] B. Pogorelc e M. Gams, "Home-based health monitoring of the elderly through gait recognition," *J. Ambient Intell. Smart Environ.*, vol. 4, no. 5, pp. 415-428, Jan. 2012, doi: 10.3233/AIS-2012-0166.

[43] T. T. Bilgin and S. Z. Erdogan, "A data mining approach for fall detection by using k-nearest neighbour algorithm on wireless sensor network data," *IET Commun.*, vol. 6, no. 18, pp. 3281-3287, Dec. 2012, doi: 10.1049/IET-COM.2011.0228.

[44] M. Hosseinzadeh *et al.*, "An elderly health monitoring system based on biological and behavioral indicators in internet of things," *J. Ambient Intell. Humaniz. Comput.*, vol. 14, no. 5, pp. 5085-5095, maio de 2023, doi: 10.1007/S12652-020-02579-7/METRICS.

[45] K. G. Gunale e P. Mukherji, "Fall detection using k-nearest neighbor classification for patient monitoring," *Proc. - IEEE Int. Conf. Inf. Process. ICIP 2015*, pp. 520-524, Jun. 2016, doi: 10.1109/INFOP.2015.7489439.

[46] C. H. Chen, W. T. Huang, T. H. Tan, C. C. Chang, e Y. J. Chang, "Using K-Nearest Neighbor Classification to Diagnose Abnormal Lung Sounds," *Sensors 2015, Vol. 15, Pages 13132-13158*, vol. 15, no. 6, pp. 13132-13158, Jun. 2015, doi: 10.3390/S150613132.

[47] B. Pogorelc, Z. Bosnić, e M. Gams, "Automatic recognition of gait-related health problems in the elderly using machine learning," *Multimed. Tools Appl.*, vol. 58, no. 2, pp. 333-354, Nov. 2012, doi: 10.1007/S11042-011-0786-1/FIGURES/6.

[48] J. Muangprathub, A. Sriwichian, A. Wanichsombat, S. Kajornkasirat, P. Nillaor e V. Boonjing, "A novel elderly tracking system using machine learning to classify signals from mobile and wearable sensors", *Int. J. Environ. Res. Public Health*, vol. 18, no. 23, 2021, doi: 10.3390/ijerph182312652.

[49] S. Liang *et al.*, "Feature Selection and Predictors of Falls with Foot Force Sensors Using KNN-Based Algorithms," *Sensors 2015, Vol. 15, Pages 29393-29407*, vol. 15, no. 11, pp. 29393-29407, Nov. 2015, doi: 10.3390/S151129393.

[50] E. Ramanujam e S. Padmavathi, "Um sistema de monitorização da postura baseado na visão para idosos utilizando uma técnica inteligente de deteção de quedas", pp. 249-269, 2019, doi: 10.1007/978-3-030-04173-1_11.

[51] M. Ş. Turan e B. Barshan, "Classificação das direções de queda por meio de sensores de movimento vestíveis", *Digit. Processo de sinal*, vol. 125, p. 103129, Jun. 2022, doi: 10.1016 / J.DSP.2021.103129.

[52] C. Li, M. Lin, L. T. Yang, e C. Ding, "Integrando a caraterística enriquecida com algoritmos de aprendizagem automática para o movimento humano e a deteção de quedas", *J. Supercomput*, vol. 67, no. 3, pp. 854-865, Mar. 2014, doi: 10.1007/S11227-013-1056-Y/METRICS.

[53] "HAR70+ - Repositório de Aprendizagem Automática da UCI". Acedido: 14 de dezembro de 2023. [Online]. Disponível: https://archive.ics.uci.edu/dataset/780/har70

MIX
Papier aus verantwortungsvollen Quellen
Paper from responsible sources
FSC® C105338

Printed by Books on Demand GmbH, Norderstedt / Germany